新版
教育と法のフロンティア

伊藤 良高
大津 尚志 編
橋本 一雄
荒井英治郎

晃 洋 書 房

は し が き

「教育は子ども・青年をはじめとする人間の発達に深くかかわり、すべての国民の生涯にわたる人間形成を任務とするから、本来、国民自らが権利や自由を行使しなければならない領域とされる。とくに現代公教育においては、日本国憲法26条が明記するように、教育は国民の権利とされている」（鈴木英一・川口彰義・近藤正春編『教育と教育行政──教育自治の創造をめざして──』勁草書房、1992年、1頁）。ここに記されているように、人間、特に子ども・若者が生涯にわたって人間らしく成長・発達していくために教育は必要不可欠なものであり、それを基本的人権として主体的にとらえていくことが大切である。権利としての教育という思想ないし原理は、歴史的に遡れば、18世紀の「子どもの発見」（J. J. ルソー）に代表される「子どもの権利」論に端を発し、20世紀になって以降、「教育を受ける権利」（教育への権利）として、各国憲法や国際条約などにおいて法的な保障を受けるに至っているが（日本国憲法第26条、世界人権宣言第26条、国際人権規約〈A規約〉第13条、児童（子ども）の権利に関する条約第28条など）、基本的人権としての教育を実現しようとするとき、こうした「法」（教育法制、教育法規）とのかかわりを抜きにすることはできないといえよう。

現代日本において、子ども・若者の育ちをはじめとする教育をめぐる状況には大変厳しいものがある。すなわち、都市化・少子化の進展や社会経済構造の急速な変貌を背景とする家庭・地域の教育力の低下や雇用環境の悪化のなかで、現代の子ども・若者の育ちについて、学ぶ意欲や学力・体力の低下、いじめ・非行等の問題行動、コミュニケーション能力や耐性の欠如、規範意識や倫理観の低下などが懸念すべき問題点として挙げられている。また、児童虐待、発達障がい、不登校、ニート、ひきこもりなど特別な支援を必要とする子ども・若者の増加や、「教育格差」「子ども・若者の貧困」の拡大と固定化が社会的に緊要に解決されるべき課題として提起されている。こうしたなかにあって、子ども・若者の心身ともに健やかな育成や親と子の「幸福」（ウェルビーイング）の実現に向け、国及び地方公共団体の果たすべき役割・責任は格別に大きいものがあるにもかかわらず、中谷彪が指摘するように、近代以降、「日本の教育政策は、子ども・若者たちを本当に幸福にしようとしたことなどなかった」（伊藤良高・永野典詞・大津尚志・中谷彪編『子ども・若者政策のフロンティア』晃洋書房、

2012年、104頁）といわざるを得ない。その当然の結果として、日本の教育の荒廃は着実に進行し、相次ぐ朝令暮改の「改革」に翻弄され疲弊する保育者・教師とともに、「教育棄民（棄児）」は増加するばかりである。子ども・若者たちは差別・選別され、彼ら／彼女らの多くは未来への展望を描けないでいる。

　本書は、好評を博した旧著となる伊藤良高・大津尚志・永野典詞・荒井英治郎編『教育と法のフロンティア』（2015年４月）について、「幼稚園教育要領」及び小学校・中学校等「学習指導要領」の改訂・施行や教職課程コアカリキュラムほか教員養成カリキュラムの改正、保育・幼児教育及び高等教育の無償化など発行後の状況の変化を踏まえながらアップデートし、新たな原稿を追補するなど、その内容を大幅にリメイクしたものである。その特徴として、教育と法をめぐる諸問題について、① 教育基本法をはじめ、関係法規や判例、自治体条例を幅広く取りあげている、② 教育のみならず、保育・社会福祉など関連領域も対象にしている、③ 立法のみならず、制度、政策、行財政を含めて検討している、④ 世界における教育と法をめぐる状況についても適宜、紹介しているなど構造的かつ総合的な把握をめざしている。教育学・教育法学・教育行政学等研究の第一線に立っている研究者・実践者が、その最新理論と動向を、図・表・資料等を駆使しながら、やさしく解き明かそうとしている。

　本書は、大学・短期大学・専門学校等において、教育学関連科目について学ぼうとする学生諸君の講義テキストとして、また、教育・保育・社会福祉関係職にある人たちの実務・研修テキストとして、さらには、教育問題に関心を持っている一般市民のための参考資料として編まれたものである。これまでに発行されている「フロンティアシリーズ」の新たな一書として企画されたものであるが、その名にふさわしいものとなっているか否かは、賢明な読者諸氏の判断に委ねるしかない。今後、読者諸氏の建設的なご意見やご教示を賜りながら、改善の努力を積み重ねていきたい。なお、本書と併せて、『ポケット教育小六法』（伊藤良高 編集代表、各年版、晃洋書房）をご覧になられることで、さらなる学習効果があがれば、とも念じてやまない。

　最後になったが、厳しい出版事情のなかで、本書の出版を快諾された晃洋書房の植田実社長、編集でお世話になった丸井清泰氏、校正でお手数をおかけした山中飛鳥氏に、心からお礼を申し上げたい。

　2020年１月28日

編　　者

目　　次

第1章

教育と法

——憲法学の視点から——

はじめに

　日本国憲法第26条では国民の教育を受ける権利が保障されている。その第1項では、国民は「その能力に応じて、ひとしく教育を受ける権利を有する」と明記されている一方、第2項では、国民は「その保護する子女に普通教育を受けさせる義務を負ふ」ものとされており、この2つの条文の関係を考えることが教育と法との関係を理解する第一歩となるだろう。

　なぜ国は国民に教育を受ける権利を保障する必要があるのか。この点を憲法学の視点から考えるならば、次の2つの側面を指摘できるはずである。1つは、子どもを将来の主権者として育成するという側面である。つまり、子どもが学校での学びを通して知識や技能を習得し、集団生活の中で他者との協調性等を培うことは、将来の主権者としてふさわしい人格や判断能力を形成するために必要不可欠な要素である。したがって、教育を受ける権利を保障することで次世代の主権者を育成し、社会を継承して行く機能として学校教育制度を整備する責務が国には求められる。また、2つには、子どもに機会の平等を保障するという側面をあげることができるだろう。これは、さまざまな家庭環境の下で生まれ育つ子どもに対し、親の経済的な格差や居住する地域の差によることなく、学校での教育を通じて自らを成長させ、その能力を育成する機会を等しく保障する側面といえる。

　そして、学校教育をこうした側面から捉えるならば、そこには自ずと次の2つの制約が課せられることになる。1つは中立性の原則である。学校教育を通じて将来の主権者を育成するためには、一定の（特定の）知識を子どもに教育することになるものの、それが特定の思想の教化や価値の押しつけとならないよう配慮がなされなければならない。このことは戦前の日本における一時期の学校教育が軍国主義を擁護する教育へと傾斜して行った歴史的教訓からも看取

することができるだろう。また、２つには、子どもそれぞれの能力や発達段階に応じた教育が求められるという側面である。学校教育が一定の知識を取り扱う以上、それは共通した教育内容という意味での画一的な教育を前提とする部分がある。しかし、子どもの発達段階は個人によって異なるものであり、学校教育には子どもの発達段階にも一定程度配慮した教育が要請されるのである。この点は、日本国憲法第26条第１項の「能力に応じて」という文言が法的な根拠となる。

　このように、（法と呼ばれるもの一般がそうであるように）教育を受ける権利を保障した日本国憲法第26条には、学校教育に託された理念や制約といった条文の背景があることに留意する必要がある。つまり、憲法や法律の条文を解釈する際には、単に条文の文言の意味を検討するというだけでなく、制定者の意思や歴史的経緯、裁判所の判断といった条文の背景を同時に検討することが必要なのである。

　加えて、日本国憲法の条文の意義を具体化しているのが法律や政令、府令・省令といった各種の法令である。例えば、上記にあげた日本国憲法第26条第２項の「普通教育を受けさせる義務」とはいったい誰のどのような義務なのか、また、普通教育とはどのような教育を意味するものなのか、あるいは義務教育とはいつからいつまでの期間を指すのかといった具体的な内容を明示しているのは教育基本法や学校教育法といった法律であり、それをさらに具体化した学校教育法施行令（政令）や学校教育法施行規則（文部科学省令）である。したがって、憲法や法律の条文を解釈するためには、その条文の背景とともに、時として、関連する法令（政令や府令・省令）の内容にあたらなければならない場合があることにも留意が必要である。

　このような条文解釈の方法を前提として、本章では、教育と法をめぐるいくつかの論点について、憲法学の視点から考察する。まず、１では教育を受ける権利とはどのような意味を持つ権利なのか、その法的性格について検討する。国民に教育を受ける権利を保障するために学校等の制度的な条件を整備する使命を担うのは原則として国や地方自治体である。したがって、教育を受ける権利は、名目上は（国家に対し積極的な配慮を求める権利としての）社会権として位置づけられる権利である。しかし、先に述べたとおり、学校教育に求められる中立性の要請から、この権利は（国家によって侵害されない権利としての）自由権としての側面も併せ持つ複合的な権利だと考えられている。そこで、教育を受ける

権利の複合的な法的性格について概説する。2では、教育を受ける権利を保障する法体系として憲法と法律の関係をめぐる主要な2つの事例について検討する。憲法の内容を具体化するのが法律以下の法令であるとはいえ、憲法の内容に矛盾する法律を国会が制定した場合、その法律は無効となる（日本国憲法第98条第1項）。そこで、当該の法律が憲法の具体化なのか、憲法と矛盾するものなのかをめぐって問題となった義務教育の無償の範囲に関する論点について裁判所はどう判断したのかを例に挙げ解説する。また、条文の解釈をめぐって問題となる宗教教育をめぐる問題を併せて紹介する。そして、3では、学校教育に対する子どもの自己決定権をめぐる事例を紹介し、子どもの人権に対し学校教育の共通した教育内容や規則の順守がどこまで譲歩することができるのか検討を加える。

Ⅰ　教育を受ける権利の法的性格

1　教育を受ける権利の「自由権」としての側面

　国民の教育を受ける権利を保障した日本国憲法第26条は、国や地方自治体（以下、本章では国家という）に対し学校教育の条件整備を行う使命を課している条文として解釈することができる。言い換えれば、教育を受ける権利が生存権を保障した第25条の次に置かれていることからも（国家に対し積極的な配慮を求める権利としての）社会権としての性格を有していることがわかる。しかし、前述したとおり、学校教育は思想の教化や価値の教え込みを行う場であってはならず、それは子どもの人格を形成し、将来の主権者としての判断能力を培うという自由な営みを本質とするものである。したがって、教育を受ける権利は（国家によって侵害されない権利としての）自由権的側面をも併有していると考えるのが憲法学における通説である。[1]このことは、無償かつ義務化された近代以降の学校教育が、子どもの教育を本来担うはずの親の義務を共同化した「私事の組織化」としての側面を有していることからも説明される事柄である。[2]つまり、日本国憲法第26条第2項では「保護する子女に普通教育を受けさせる義務を負ふ」と定められている一方で、民法第820条では親に子どもを教育する権利と義務があることを明記している法的な関係性からも、親の義務を共同化した組織として学校教育の枠組みを読み取ることができるであろう。それゆえ、教育を受ける権利は、国家に対して積極的な配慮を求める社会権としての側面を有

する一方、国家によって思想の教化や偏向した教育を受けないという自由権としての側面をも有しているというわけである。

2 「教育の自由」という概念

　教育を受ける権利の法的性格について、特にその自由権的側面については、戦後の日本の教育裁判でも長らく争われてきた論点である。その際には教育の自由という用語がしばしば用いられてきた。憲法学においても「教育の自由」とは多様な意味を持ちうる概念であるが、とりわけ、ここでは教師や親の「教育の自由」が問題となり、国家によって運営される学校教育において教師はどこまで自由に教育することができるのか、あるいは親の意思を学校教育にどのように反映することができるのかといった点が主要な論点として争われてきた。

　戦後の日本の教育裁判で教師や親の「教育の自由」が主張されるようになったのは、学校教育の内容の決定に際して国家が統制的にその決定を行うのではなく、教師や親の意思もそこに反映させるべきではないかとする文脈においてである。この点について、学説では、教師の「教育の自由」の法的な論拠として、学問の自由を保障した日本国憲法第23条や教育を受ける権利を保障した第26条を根拠とする複数の学説が提起されてきているが、通説と呼べる学説はなく、今日なお学説上の争いが残されたままとなっている。

２ 教育を受ける権利を保障する法体系

1 教育基本法の法的な性格

　日本国憲法で規定された教育を受ける権利を具体的に保障しているのは、教育基本法、学校教育法といった法律以下の各種法令である。日本国憲法と並行して1947年に制定された旧教育基本法は、その制定過程において教育憲法的なものとして位置づけられていたことから「準憲法的性格」を有する法律と評されてきた。また、教育基本法が憲法の教育条項を補完しているという法的な関係性から、教育を受ける権利を保障する法体系は「憲法＝教育基本法体制」など表記して説明されることもある。確かに教育基本法は憲法のように他の法律に対して規範力を持つものではなく、上記のような教育基本法の位置づけは、あくまで、その成立過程における手続き的な特質に注目したものにすぎない。しかし、旧教育基本法が2006年に全面改正された際には、教育の目標として掲

げられた「我が国と郷土を愛する」といった条文の内容（第2条第5号）をめぐって世論を二分する論争が巻き起こったことなどからして、教育基本法が、事実上、憲法に準じる法的位置づけを得ていることは異論のない所であろう。

2 憲法と教育基本法の関係

日本国憲法は国内の最高法規であり、教育基本法を始めとする教育に関する各種の法令も日本国憲法の教育条項を具体化したものと見ることができる。しかし、憲法の内容と法律以下の下位の法令の条文の整合性をめぐり問題となることもある。ここでは、学説においても争いがある教育基本法の2つの条文について見ておこう。

1）義務教育の無償に関する規定

1つめの問題は、義務教育の無償の範囲に関する問題である。日本国憲法第26条第2項は義務教育を無償とすることを規定しているが、教育基本法第5条第4項（旧教育基本法第4条第2項）は義務教育における授業料の不徴収のみを規定していることから、教科書代金等、授業料以外の経費を徴収することは憲法違反となるのか否かが争われたことがある。最高裁判所は、日本国憲法第26条第2項の規定は教科書代金の不徴収までを意味するものではない（授業料無償説）として、義務教育の無償制に関して教育基本法の規定が憲法の趣旨を具体化したものであるとの法解釈を示している[5]。この法解釈は憲法学においても多くの学者によって支持されている通説であるが、一方で、日本国憲法が定める義務教育の無償の規定が修学費用のすべての無償を意味するものとして解釈されるべきだとする修学費無償説も存在する。修学費無償説の根拠となるのは、教育を受ける権利を子どもにひとしく保障するためには、親の経済的な格差等によることなく、可能な限り平等な条件で教育環境が整備されなければならず、就学に係る費用を国家が負担することこそが教育の機会均等の要請に応えるものだとする考え方である[6]。親の経済的な格差が子どもの学力格差に比例するという教育社会学的な見地や教育の機会均等の実現という観点からも、この修学費無償説も学説では一定の支持を得ている。

2）宗教教育に関する規定

2つめの問題として、憲法と教育基本法の解釈の整合性をめぐり、宗教教育の規定に関する法解釈も問題となる。日本国憲法第20条第3項は、国家が宗教教育を行うことを禁じている一方で、教育基本法第15条第2項（旧教育基本法第

9条第2項）では、国公立学校において「特定の宗教のための」宗教教育を禁じていることから、特定の宗教のためではない、宗教に関する一般的な知識に関する教育等を学校で行うことは許されるのかが問題となる。この点を直接取り上げた裁判例は存在しないものの、学説では、教育基本法の条項が日本国憲法の規定を具体化しているものとして解釈する説が有力である。つまり、特定宗教のためではない宗教一般に関する知識等に関する教育を国公立の学校で行うことは許されるという解釈である。学説の中には、宗教に関する一般的知識や歴史学習における宗教の取扱いが、結局は、何らかの特定宗教のための教育へと結びつくとの観点から、あらゆる宗教教育を禁止するものと解釈されるべきとする説も存在する。しかし、地理や歴史教育等において宗教に関するあらゆる事項を排除して教育を行うことは現実的には不可能であり、教育基本法では宗教に関する寛容な態度を教育上尊重するべきことが定められていることからも、特定宗教のためではない宗教に関する一般的な知識等を国公立学校で取り扱うことまで禁じる趣旨ではないものと考えられる。こうした解釈が導かれる根拠は旧教育基本法第9条の制定過程にあり、このように制定過程を辿ることは、その法令を解釈する際の有力な手がかりとされている。

　憲法と教育基本法との法解釈の整合性をめぐっては、学説上の論争は残されているものの、上記のように、原則として、教育基本法の規定が憲法の教育条項を具体化したものして解釈されているものと見ることができる。なお、下位法が上位法の理念を具体化するという構造は、他の法令にも同様にあてはまる構造である。

３　子ども個人の人権に学校教育はどこまで譲歩できるか

　日本国憲法が施行されて以降、教育と法をめぐる論点は、前節までに見たように、教育を受ける権利の法的性格とそれを保障する法令の解釈をめぐる論争が中心であった。しかし、近年では、教育を受ける権利と子どもの人権との対峙といった問題も見受けられるようになっている。本章の冒頭で記したとおり、学校教育は一定の共通した教育内容を集団生活の中で学習する構造を原則とするものであり、そのことを通じて将来の主権者として備えるべき人格や判断能力の形成が目指されることになる。反面、子ども個人の人権に対して学校教育の内容や生徒指導がどこまで譲歩するべきかが問題とされてきた。

1　子どもの自己決定権と校則

　近年では、自己決定権が新しい人権として認識されるようになってきた。自己決定権とは、いかに生活して行動するかを他人に干渉されずに自分で決めることができる権利のことであり、服装や髪形、結婚や離婚といったライフスタイルに関する自己決定権の他、治療拒否や安楽死といった生死に関わる自己決定もこれに含まれる。自己決定権は、日本国憲法には明記されていない権利であるが、生きていくうえで（人格的な生存のために）必要不可欠な権利だと判断される場合には、例え日本国憲法に明記されていない権利であったとしても、幸福追求権を定めた日本国憲法第13条を根拠とする新しい人権の１つとして保障されると考えるのが憲法学の通説である。[8] 本章に関連して子どもの自己決定権が問題となるのは主に学校の校則との関係においてである。校則と自己決定権の関係が問題となった修徳高校パーマ事件ではパーマ禁止の校則違反を理由として生徒に下された事実上の退学処分の有効性が争われた。原告の生徒は髪型に関する自己決定権を主張したものの、生徒が別の校則違反による謹慎期間中であり、校則で禁止されたパーマをかけて校則違反を繰り返して事実上の退学処分となった事件である。最高裁判所は、教育目的を達成するための校則の必要性を認め原告の請求を退けている。[9] このように、学校の目指す教育目的と生徒個人の権利（自己決定権）をいかに調整するかが、教育と法をめぐる新たな問題として表出してきたのである。

2　学校教育と子どもの宗教的自由との衝突

　一方、学校教育が子どもの宗教的な信念と対峙（たいじ）するような場面での処遇が問題となったのが神戸市高専剣道実技拒否事件である。この事件では、公立の高等専門学校で必修科目となっていた保健体育の授業のうち第１学年で授業種目として採用されていた剣道の授業で宗教的な信念から剣道実技を行うことのできない学生の信教の自由がどこまで尊重されるのかが争われた。原告の学生は、剣道実技の時間には準備体操のみに参加し、実技の授業の代替としてレポートの提出を申し出たものの、学校側はレポートの受領を拒否して剣道の単位を認定しなかった。このため原級留置（留年）を２年繰り返し、学則にもとづいて退学処分が下された。学校側はレポートを課すという代替措置を講じた場合、当該学生の宗教だけを優遇したことになりかねず、日本国憲法第20条第3項等の政教分離原則に反することになると主張した一方、原告である学生側は

信教の自由と教育を受ける権利の保障を求めて争った事件である。最高裁判所は原告の主張を認め、信仰上の真摯な理由にもとづく場合には学校側は代替措置を講じる必要があり、仮に代替措置を講じたとしても政教分離原則違反となるとは認められないとの判断を下している。[10] 1で見た修徳高校パーマ事件とは異なり、この判決からは、学生の権利に対して教育目的が一定の譲歩を迫られていることを読み取ることができる。

このように、近年の教育と法をめぐる争点は、学校教育と子どもの人権との対峙が併せて問題とされるようになっている。多様な文化や価値が錯綜する現代社会において、子どもの文化や価値を学校教育がどこまで受け入れることができるのかが問われているのである。

おわりに

憲法学の視点から教育と法の関係を捉える際には、まずは、教育を受ける権利の複合的な法的性格について押さえておくことが重要である。つまり、教育を受ける権利とは国家に対して積極的な配慮を求める社会権としての性格を有するものである一方、国家によって思想の教化や価値の教え込みなどを強いられることのない自由権としての側面も有しているという点である。このことは、自律した判断能力を有する将来の主権者を育成するために求められる学校教育への本質的な要請といえるだろう。他方で、日本国憲法に定められた教育を受ける権利を具体的に保障しているのは教育基本法や学校教育法を始めとする法律や政令、府令・省令といった法令であり、法律以下の各種の法令が日本国憲法の理念を正統に具体化したものといえるかどうかが本章で見てきたような裁判の過程で争われてきた。

もっとも、近年では、学校教育において子ども個人の人権がどこまで尊重されるかという問題も焦点化されるようになった。学校教育が将来の主権者を育成するための知識や技能を習得させる使命を担う以上、多様な文化や価値を有する子どもに対して学校教育はどう対処し、また、どこまで譲歩することができるのかが教育と法をめぐる新たな問題として問われている。

| 演習問題 |
1. 教育を受ける権利になぜ自由権的側面が認められるのかについてまとめてみよう。

2．義務教育の無償の範囲をめぐって争われた事件の概要を調べてみよう。

3．自己決定権をめぐって争われた事件の概要を調べてみよう。

注

1）野中俊彦・中村睦男・高橋和之・高見勝利『憲法Ⅰ第5版』有斐閣、2012年、517頁（野中氏執筆）。

2）堀尾輝久『現代教育の思想と構造』岩波書店、1971年、12頁参照。

3）この点については、橋本一雄「教育の自由の諸相」伊藤良高編著『教育と福祉の課題』晃洋書房、2014年、127-137頁を参照されたい。

4）有倉遼吉「教育基本法の準憲法的性格」同編『教育と法律 増補版』新評論、1964年、3頁。

5）最高裁判所大法廷昭和39年2月26日判決、最高裁判所民事判例集第18巻第2号343頁。なお、1962年に義務教育諸学校の教科用図書の無償に関する法律が制定され、現在では義務教育諸学校の教科書は無償で配布されている。

6）永井憲一『憲法と教育基本権（新版）』勁草書房、1985年、91頁。

7）橋本一雄「政教分離の原則と宗教教育（一）」『上田女子短期大学紀要第34号』2011年、63-77頁参照。

8）野中他・前掲注1）『憲法Ⅰ第5版』270-275頁（野中氏執筆）。

9）最高裁判所第1小法廷平成8年7月18日判決、判例時報1599号53頁。

10）最高裁判所第2小法廷平成8年3月8日判決、最高裁判所民事判例集第50巻第3号469頁。

参 考 文 献

荒牧重人・小川正人・窪田眞二・西原博史編著『新基本法コンメンタール 教育関係法』日本評論社、2015年。

坂田仰『改訂版 学校と法――「権利」と「公共性」の衝突』放送大学教育振興会、2016年。

米沢広一『憲法と教育15講（第4版）』北樹出版、2016年。

第2章　家庭教育と法

はじめに

　子どもを育てる責任は誰にあるのかといえば、まず思い浮かぶのは生みの親に代表される保護者であろう。しかし、子どもが健全に育つためには、家庭だけでなく、保育所や幼稚園、認定こども園、小学校や中学校といった保育施設や学校の中で、専門の保育者や教育者、そして子ども同士の豊かな関係が不可欠である。加えて今日では、地域社会の役割が特に強調される。

　本章では、主に乳幼児期の子どもを意識して、その成長発達を保障するうえで、家庭教育（子育て）の重要性とともに、国や地方公共団体の施策、さらに企業を含めて地域社会が果たすべき役割について考え、関連法を概観し解説したい。

1　子育ての責任と保護者

1　家庭教育と教育基本法

　2006年12月、教育基本法が改正された。1947年3月の制定以来ほぼ60年を経ての初めての改正であった。その中で、家庭教育（第10条）は、大学（第7条）、私立学校（第8条）、幼児期の教育（第11条）などとともに新設された条文である。

　その第1項に「父母その他の保護者は、子の教育について第一義的責任を有する」とあり、具体的に「生活のために必要な習慣を身に付けさせるとともに、自立心を育成し、心身の調和のとれた発達を図るよう努めるものとする」と定められている。

　しかしこのような家庭で行われる教育は、各家庭の思想信条や養育方針などの私事にかかわることであり、そもそも国家が介入すべきでなく法の規定になじみにくいとの見方もある。それが新たに定められた背景には、家庭の教育力

が弱体化したという認識があったわけである。

　そのような認識は1990年代後半以降、政策側に強まったように見え、例えば中央教育審議会は、「幼児期からの心の教育の在り方について」中間報告（1998年3月）の中で、「それぞれの家庭で生活のきまりやルールをつくろう」「子どもに我慢を覚えさせよう」などと述べていた。

　子どもの教育に家庭が責任を負うのは当然であるが、それが過ぎると、子どもの教育格差が広がることとなる。たとえ虐待が行われる家庭でなくても、日々の生活に追われ経済的に苦しい家庭では、十分に子どもの教育に手間をかけるわけにはいかないからである。

　あるいは、保護者の教育熱心がむしろ子どもの育ちに有害な場合もある。教育虐待と称される「「あなたのため」という大義名分のもとに親が子に行ういきすぎた「しつけ」や「教育」」の問題である。最近、毒親という言葉を耳にすることが増えたが、少なくとも今の日本の社会では、家庭こそが子どもの安心安全を保障し最もよく育ちを支えているは言えないわけである。

　もちろん家庭の責任は大きいが、同時に行政が過度の介入を避けることも必要であり、逆に、家庭責任を強調しすぎることにも警戒すべきである。この点で、第2項「国及び地方公共団体は、家庭教育の自主性を尊重しつつ、保護者に対する学習の機会及び情報の提供その他の家庭教育を支援するために必要な施策を講ずるよう努めなければならない」は重要である。

2　保護者の責任と民法

　民法にも、「成年に達しない子は、父母の親権に服する」（第818条）、そして「親権を行う者は、子の利益のために子の監護及び教育をする権利を有し、義務を負う」（第820条）とあり、保護者の責任が大きいことを明らかにしている。

　さらに、「親権を行う者は、第820条の規定による監護及び教育に必要な範囲内でその子を懲戒することができる」（第822条）とあり、懲戒権を認めてきた。この点は、保護者が子どもへ有形力の行使を行うことを認めているように読まれるかもしれず、行きすぎた体罰や虐待につながったり、それを正当化することに利用されたりしないか危惧されるところであった。

　しかしこの点は、東京都目黒区での5歳女児（2018年3月）や千葉県野田市での小4女児（2019年1月）などの虐待死事件を受けて、2019年6月、「児童虐待の防止等に関する法律」が改正され、「児童の親権を行う者は、児童のしつけ

に際して、体罰を加えることその他民法第820条の規定による監護及び教育に必要な範囲を超える行為により当該児童を懲戒してはならず」(第14条)とされ、体罰の禁止が明確になった。

なお、本法施行（2020年4月）後2年を目途に、民法の懲戒権規定も廃止ないし変更が検討された。その結果、第822条は削除され、「親権を行う者は、前条の規定による監護及び教育をするに当たっては、子の人格を尊重するとともに、その年齢及び発達の程度に配慮しなければならず、かつ、体罰その他の子の心身の健全な発達に有害な影響を及ぼす言動をしてはならない」(第821条)と改められた（2022年12月）。

国際的に見ても、児童（子ども）の権利に関する条約に「父母又は場合により法定保護者は、児童の養育及び発達についての第一義的な責任を有する」(第18条)とあるが、その前提は「児童の最善の利益」(第3条)が主に考慮されるところにある。

2　子育てと家庭・地域社会

1　子育て支援事業と児童福祉法、子ども・子育て支援法

児童福祉法には、「国及び地方公共団体は、児童の保護者とともに、児童を心身ともに健やかに育成する責任を負う」(第2条)とある。この規定は、従来は国や地方公共団体が保護者が果たせない責任を負うものと解釈されたが、今日では「国・地方公共団体も保護者と同時に児童の責任を負うと解釈すべき[2]」と主張される。

そのような観点から、子育て支援についても国や地方自治体のより積極的な役割が期待される。それは単なる少子化対策ではなく、人々が子どもを産み育てやすい社会へ向けて、行政が子育て家庭を支える取り組みである。子育て支援事業については、児童福祉法第21条の8から第21条の17に定めがある。

まず第21条の8は「市町村は、次条に規定する子育て支援事業に係る福祉サービスその他地域の実情に応じたきめ細かな福祉サービスが積極的に提供され、保護者が（中略）当該児童を養育するために最も適切な支援が総合的に受けられるように」体制の整備に努めなければならないと定める。

そして、第21条の9は「市町村は、児童の健全な育成に資するため、その区域内において、放課後児童健全育成事業、子育て短期支援事業、乳児家庭全戸

表2－1　地域子ども・子育て支援事業

① 利用者支援事業
② 地域子育て支援拠点事業
③ 妊婦健康診査
④ 乳児家庭全戸訪問事業
⑤ 養育支援訪問事業、子どもを守る地域ネットワーク機能強化事業（その他要保護児童等の支援に資する事業）
⑥ 子育て短期支援事業
⑦ ファミリー・サポート・センター事業（子育て援助活動支援事業）
⑧ 一時預かり事業
⑨ 延長保育事業
⑩ 病児保育事業
⑪ 放課後児童クラブ（放課後児童健全育成事業）
⑫ 実費徴収に係る補足給付を行う事業
⑬ 多様な主体が本制度に参入することを促進するための事業利用者支援事業

出典：筆者作成。

訪問事業、養育支援訪問事業、地域子育て支援拠点事業、一時預かり事業」など、子育て支援事業の着実な実施に努めるべきものとしている。

　なお、2012年8月、子ども・子育て支援法が成立した。その第59条により、地域子ども・子育て支援事業が**表2－1**の通り13事業定められている。法定化されたわけだが、実施に向けては、地方自治体によって「特定事業が強化されたり、逆に、別の事業が重視されなかったりする[3]」と心配されるものである。

2　国や地方自治体の責任と子ども・若者育成支援推進法

　2009年7月、子ども・若者育成支援推進法が成立した。「子ども・若者の健やかな育成、子ども・若者が社会生活を円滑に営むことができるようにするための支援その他の取組について」（第1条）、総合的な施策（子ども・若者育成支援施策）を推進することが目的である。

　本法の対象は、乳幼児から30歳代までと広い。制定の背景としては、児童虐待、いじめ、少年による事件の発生、「有害」情報の氾濫など、子ども・若者をめぐる環境の悪化、ニートや引きこもり、不登校、発達障害等の精神疾患など子ども・若者の抱える問題の深刻化があげられる。

　特に、進学も就職もせず教育訓練も受けないニートは、15～34歳の非労働力人口のうち家事も通学もしていない若年無業者としてとらえられ、当時64万人とされていた（総務省「労働力調査」2008年）。引きこもりも、約32万世帯（厚生

労働科学研究「心の健康についての疫学調査に関する研究」2004年）などとされていた。

このように社会的に自立しない若者の問題は深刻であり、これらを家庭教育の問題として看過するわけにはいかず、従来の個別分野における縦割り的な対応を超えて、国や地方自治体、関係機関が連携して取り組むこととしたものである。

この点について、同法は「子ども・若者育成支援施策は、基本理念にのっとり、国及び地方公共団体の関係機関相互の密接な連携並びに民間の団体及び国民一般の理解と協力の下に、関連分野における総合的な取組として行われなければならない」(第7条) と定めている。

そして、「子ども・若者ビジョン」(2010年7月) が第8条第1項に基づいて作成され、「子供・若者育成支援推進大綱」(2016年2月) に引き継がれている。それは「あらゆる子供・若者に自立の機会と活躍の場を用意するために、それぞれの子供・若者の置かれた状況等にきめ細かに応じた支援を総合的・体系的・継続的に実施することにより、安心安全と信頼のネットワークに支えられた共生社会の構築に一層の関心を払うべきである」と述べている。

また、子どもの貧困問題への対応としては、2013年6月、「子どもの貧困対策の推進に関する法律」が制定された。「子どもの将来がその生まれ育った環境によって左右されることのないよう、貧困の状況にある子どもが健やかに育成される環境を整備するとともに、教育の機会均等を図るため、子どもの貧困対策に関し、基本理念を定め、国等の責務を明らかにし、及び子どもの貧困対策の基本となる事項を定めることにより、子どもの貧困対策を総合的に推進することを目的とする」(第1条) ものである。

3　企業の責任と次世代育成支援対策推進法

2003年7月、次世代育成支援対策推進法が成立した。第1条の目的に、まず「我が国における急速な少子化の進行並びに家庭及び地域を取り巻く環境の変化にかんがみ、次世代育成支援対策に関し、基本理念を定め、並びに国、地方公共団体、事業主及び国民の責務を明らかにする」とある。

そして、「次世代育成支援対策を迅速かつ重点的に推進し、もって次代の社会を担う子どもが健やかに生まれ、かつ、育成される社会の形成に資する」と定めている。加えて、国及び地方公共団体の責務 (第4条)、事業主の責務 (第5条)、国民の責務 (第6条) が規定されている。

　次世代育成支援対策については、第2条に定義が定められ、「次代の社会を担う子どもを育成し、又は育成しようとする家庭に対する支援その他の次代の社会を担う子どもが健やかに生まれ、かつ、育成される環境の整備のための国若しくは地方公共団体が講ずる施策又は事業主が行う雇用環境の整備その他の取組」とされている。

　基本理念は、「次世代育成支援対策は、父母その他の保護者が子育てについての第一義的責任を有するという基本的認識の下に、家庭その他の場において、子育ての意義についての理解が深められ、かつ、子育てに伴う喜びが実感されるように配慮して行われなければならない」（第3条）とされる。

　この中で、企業などの事業主の対応が求められる意義は大きい。市町村や都道府県にも行動計画の策定が義務づけられているが、同時に、現在、常時雇用する労働者が100人を超える事業主にも、一般事業主行動計画を策定し、厚生労働大臣に届け出る義務が課せられている。

　事業主の行動計画策定には、自社の現状・従業員のニーズ等を把握し、課題の優先順位を決めて、目標を定めることが求められる。具体的には、育児休業や子どもの看護休暇の取得率、育児短時間勤務制度の利用率の向上などを、できるだけ定量的に数値目標化するものとされる。目標を達成するなど基準にあえば、子育てサポート企業として厚生労働大臣の認定が得られる。

　多くの人が土地に根差して農業を営む社会とは異なり、今日の人々の暮らしは、企業などに勤める雇用労働から得られる賃金に支えられている。逆にいえば、人々の生活は企業をはずしては成り立たず、家庭教育を支えるための企業などのあり方が問われることとなるわけである。

3　児童虐待の防止と地域社会

　児童虐待の防止等に関する法律（児童虐待防止法）は、2000年5月に成立した。児童に対する虐待の禁止や防止等について「国及び地方公共団体の責務、児童虐待を受けた児童の保護及び自立の支援のための措置等を定めることにより、児童虐待の防止等に関する施策を促進し、もって児童の権利利益の擁護に資することを目的とする」（第1条）ものである。

　ここでいう児童虐待は、「保護者がその監護する児童（18歳に満たない者をいう。……中略……）について行う」（第2条）もので、身体的虐待、性的虐待、ネグレ

クト、心理的虐待である。しかし、このような法律制定の背景には、それが現に家庭という密室で保護者によって行われている事実がある。

第5条には「学校、児童福祉施設、病院、都道府県警察、婦人相談所、教育委員会、配偶者暴力相談支援センターその他児童の福祉に業務上関係のある団体及び学校の教職員、児童福祉施設の職員、医師、歯科医師、保健師、助産師、看護師、弁護士、警察官、婦人相談員その他児童の福祉に職務上関係のある者は、児童虐待を発見しやすい立場にあることを自覚し、児童虐待の早期発見に努めなければならない」とあり、その責任が問われている。

そして、第6条に「児童虐待を受けたと思われる児童を発見した者は、速やかに、これを市町村、都道府県の設置する福祉事務所若しくは児童相談所又は児童委員を介して市町村、都道府県の設置する福祉事務所若しくは児童相談所に通告しなければならない」とあり、通告義務を定めている。

問題の1つはその施設の外部社会とのつながりが薄かったことにあろう。家庭内ではなおさらで、児童虐待が発見されにくいことには、そのような家族が外の社会とつながっていない問題がある。「孤立が虐待のリスクを上げる[4]」と言われる通りである。

大阪二児置き去り死事件（2010年）は、その衝撃的な内容からご記憶の方も多いことと思う。「大阪ミナミの繁華街のそばの、十五平米ほどのワンルームマンションで、三歳の女の子と一歳八ヵ月の男の子が変わり果てた姿で見つかった[5]」痛ましい事件である。母親の無責任な行動は責められるべきだが、同時に、彼女は誰を頼ることもなく、2人の子どもを餓死させてしまったのである。家族と地域社会とのつながりがあれば事態は違っていたに違いない。

この点に関連して、教育基本法でも、「学校、家庭及び地域住民その他の関係者は、教育におけるそれぞれの役割と責任を自覚するとともに、相互の連携及び協力に努めるものとする」（第13条）と、家庭と地域社会の相互連携の必要性を求めている。これも改正後に入った条文である。

おわりに

近年の家庭教育にかかわる日本の法制度の整備には、2つのベクトルが働いていることに気付く。1つは家庭教育の重要性、保護者責任の強調である。もう1つは、教育や子育てを家庭だけでなく、企業を含めて社会が責任を負うべ

きものとして、国や地方公共団体などが支えようとするものである。

　その背景には、子どもの教育の責任を保育所や幼稚園、小学校などに丸投げにしているかに見える保護者の存在や、しつけがほとんどなされていない家庭の状況、より正確に言うなら、そのように問題をとらえる社会的な認識があるということである。

　そして同時に、子育て支援策は、従来少子化対策として行われてきたが、その効果は十分でなく、むしろ人々が子どもを産み育てることを喜びとできる社会がめざされるようになったことがあげられる。人々が子育てを楽しむためには、家庭の力だけでは無理で、地域社会を中心としたもっと大勢の人や機関の支えが必要という認識である。

　前者の問題状況もわかるが、後者の取り組みはさらに重要であろう。というのも、歴史的に見るならば、子どもの育ちは常に地域社会の様々な大人や子ども同士の関わりの中でなされたものであり、相対的に家庭責任は今日ほど高くなかったという事実があるからである。この点は十分に確認しておきたい。

　｜演習問題｜
　1．子どもの教育に関して、家庭、学校、地域社会、行政、企業などが担うべき役割について考えてみよう。
　2．家庭教育と地域子ども・子育て支援事業の関係について調べてみよう。
　3．家庭と保育所や幼稚園等との望ましい関係についてまとめてみよう。

注
1）おおたとしまさ『ルポ教育虐待　毒親と追いつめられる子どもたち』ディスカヴァー・トゥエンティワン、2019年、6頁。
2）伊藤周平『保育制度改革と児童福祉のゆくえ』かもがわ出版、2010年、37頁。
3）保育研究所編『これでわかる！　子ども・子育て支援新制度——制度理解と対応のポイント——』ひとなる書房、2014年、49頁。
4）石川結貴『誰か助けて　止まらない児童虐待』リーダーズノート、2011年、83頁。
5）杉山春『ルポ　虐待——大阪二児置き去り死事件——』筑摩書房、2013年、9頁。

参 考 文 献
赤石千衣子『ひとり親家庭』岩波書店、2014年。
伊藤良高・大津尚志・中谷彪編『新教育基本法のフロンティア』晃洋書房、2010年。

伊藤良高・永野典詞・大津尚志・中谷彪編『子ども・若者政策のフロンティア』晃洋書房、
　　2012年。

荻原勝『Ｑ＆Ａ　次世代育成支援対策推進法への企業対応』中央経済社、2005年。

本田由紀『「家庭教育」の隘路　子育てに強迫される母親たち』勁草書房、2008年。

第3章　保育・幼児教育と法

はじめに

　保育・幼児教育は、小学校就学前のすべての子どもの教育保障と生存・生活保障に係るものであるが、2006年12月の旧教育基本法（1947年3月。以下、旧教基法）の全部改正を契機に、家庭教育や幼児期の教育の重要性が提唱されている。例えば、文部科学省「（第3期）教育振興基本計画」（2018年6月）は、「幼児期における教育の質の向上」に向けた今後5年間の施策として、「子ども・子育て支援新制度に基づき、職員の配置や処遇改善等を通じた、幼児教育・保育・子育て支援の更なる質の向上を推進するとともに、幼児教育の内容の改善・充実や質の評価手法確立に向けた調査研究を進める。また、各地方公共団体への『幼児教育センター』の設置や『幼児教育アドバイザー』の育成・配置等、公私の別や施設種を超えて幼児教育を推進する体制を構築し、幼児教育施設の教職員等への研修についても充実を図る」と述べている。しかしながら、現実には、新自由主義的保育・幼児教育改革の展開のなかで、「競争・選択・評価」をスローガンとする施設・事業の多様化や経営主体の多元化が進行するとともに、保育・幼児教育制度におけるナショナル・ミニマムの瓦解（モザイク化）と呼ぶべき状況も生まれている。

　本章では、子どもの心身ともに健やかな成長・発達や、子どもと保護者の「幸福」（ウェルビーイング）の実現という観点から、保育・幼児教育と法をめぐる現状と課題について考察することにしたい。内容的には、以下のようになる。まず、近年の保育・幼児教育制度改革の展開と論点について整理する。次いで、教育基本法における保育・幼児教育の位置づけについて、「幼児期の教育」という概念から検討する。そして、最後に、保育・幼児教育をめぐる諸問題を、「子ども・子育て関連3法」等関係法規との関係で論じていきたい。

Ⅰ　保育・幼児教育制度改革の展開と論点

　1990年代半ば以降、保育・幼児教育の領域にあって、少子高齢化・人口減少を背景とする新自由主義に基づく保育・幼児教育改革が進められ、規制緩和・改革とそのパラドクスとしての規制強化が織り交ぜられながら、種々な施策が展開されている。

　すなわち、前者については、保育・幼児教育行政における国の事務事業の減量・簡素化など国の公的責任が大幅に縮減される動きのなかで、保育・幼児教育への競争原理の導入や多様な経営主体の市場参入が急速に推し進められている。例えば、幼稚園における預かり保育等多様な教育サービスの充実や学校(園)評価の導入・推進、「3歳未満児入園事業」による2歳児入園の広がり、保護者による選択利用への保育所入所制度の転換、保育所における苦情解決制度の導入や第三者評価事業の実施、保育所への株式会社等の参入の容認や公立保育所の株式会社等民間主体への委託の促進、保育所を設置する社会福祉法人による幼稚園設置の容認などが主なものとして挙げられる。また、「地方分権」「地域主権」のスローガンのもと、地方公共団体にあっては、地域行政の総合化や施設運営の効率化が図られ、幼稚園・保育所の連携・一体化や認定こども園の設置促進、公立幼稚園の統廃合、公立保育所の統廃合・民営化、自治体独自の認可外保育施設の制度化、保育の実施に係る事務の教育委員会への委任容認などの施策が展開されている。こうした動きは、幼稚園・保育所制度の再編成をコアとしつつ、全体として、従前の「公設公営などの公的保育制度から、公的責任のあいまいな多元的なシステム[1]」へと大きく舵を切るものとなっている。

　また、後者については、保育・幼児教育のサービスの充実や公教育の質の向上という観点から、生きる力や義務教育及びその後の教育の基礎を培うことを基本的ねらいとして、2008年3月、文部科学省「幼稚園教育要領」(以下、教育要領)及び厚生労働省「保育所保育指針」(以下、保育指針)が改正／改定され、2009年4月の施行以降、幼稚園・保育所における教育機能の充実がめざされている。特に、教育内容と整合性を意識して、保育指針が教育要領と同様に大綱化・告示化され、保育内容及び保育所経営における最低基準(規範性を有する基準)へとその性格を大きく変えている。これにより、「質の高い幼児教育・保育の提供」「保育所・幼稚園・小学校の連携・接続」などをキーワードに、保育所

における教育機能のさらなる充実が求められるとともに、保育内容及び保育所経営に対する国家介入の契機がつくりだされている。すなわち、従前までの保育指針にはなかった法的拘束力の付与が、各保育所の主体的な創意工夫や保育者の自主的・創造的な保育実践を制約するものにならないか、さらには、行政による保育内容及び保育所経営への統制強化ないし政治による保育支配といった動きを招来することにならないか、危惧されている。[2]

　ところで、1990年の「1.57ショック」を契機として、政府は、「今後の子育て支援のための施策の基本的方向について」（エンゼルプラン。1995〜1999年度）や「重点的に推進すべき少子化対策の具体的実施計画について」（新エンゼルプラン。2000〜2004年度）など一連の少子化対策、子育て支援策を展開してきた。そして、次代の社会を担う子どもを育成する家庭を社会全体で支援するという観点から、2003年7月に次世代育成支援対策推進法が制定され、市町村・都道府県においても、国の提示する行動計画策定指針に即して、地方公共団体（以下、地方自治体）独自の行動計画を策定し実施していくことが義務づけられた（第8条、第9条）。また、併せて、同法との関連で、少子化に的確に対処するための施策を総合的に推進するため、少子化社会対策基本法も制定された。自治体行動計画は、各地域の実情に応じた施策の推進を目指すものであるが、保育・幼児教育に対する自治体の取り組み姿勢や財政力（一般に「横出し・上出し」と呼ばれる追加的負担能力）の違いにより、「日本一子育てしやすい街づくり」を標榜するところから、法定された領域・項目のみ、もしくは若干のプラスアルファにとどまっているところまで、全国津々浦々に、自治体間及び地域間並びに実施事業間の格差が広がりつつある。そして、少子化社会対策大綱としての「子ども・子育て応援プラン」（新新エンゼルプラン。2005〜2009年度）、「子ども・子育てビジョン〜子どもの笑顔があふれる社会のために〜」（2010〜2014年度）、「結婚、妊娠、子供・子育てに温かい社会の実現をめざして」（2015〜2019年度）や「子育て安心プラン」（2017年度〜）の展開にいたるこの約15年間にそれらがさらに拡大化し、固定化する傾向も生じてきている。こうしたことがらは、法的義務づけのない領域・分野にあっては、さらに顕著なものとなっている。例えば、文部科学省「平成28年度幼児教育実態調査」（2017年）によれば、自治体における「幼児教育振興プログラム」の策定状況について、「2016年5月までに策定済み」と回答したのは、都道府県では88.9％（38都道府県）であったのに対し、幼稚園または幼保連携型認定こども園のいずれかまたは両方が設置されている市町村

にあっても25.5％（356市町村）、また、幼稚園または幼保連携型認定こども園のいずれも設置されていない市町村にいたってはわずか6.4％（22市町村）に留まっている。すなわち、一部を除いて、大半の市町村においては、自治体独自の計画に基づいた総合的かつ体系的な幼児教育施策が展開されてきていない状況が見られるのである。

　その背景となっているものは、すでに述べたように、障害児保育補助金（2003年度～）や公立保育所運営費・建築費（2004年度～）の一般財源化など、国庫補助負担金の廃止・縮減、税財源の移譲、地方交付税の一体的見直しに伴う国の幼児教育・保育における公的責任の縮減・曖昧化である。こうした傾向は、2012年8月に公布された「子ども・子育て関連3法」（＝「子ども・子育て支援法」（法律第65号。以下、支援法）、「就学前の子どもに関する教育、保育等の総合的な提供の推進に関する法律の一部を改正する法律」（法律第66号。以下、認定こども園法一部改正法）、「子ども・子育て支援法及び就学前の子どもに関する教育、保育等の総合的な提供の推進に関する法律の一部を改正する法律の施行に伴う関係法律の整備に関する法律」（法律第67号。以下、関係法整備法））の下での施策の展開により、さらに強まっていくことが予想される。「支援法」に基づき、市町村・都道府県は、国の定める基本指針に即して、地域における子ども・子育て支援事業（支援）計画（以下、支援計画）を作成し実施することが求められているが（第61条・第62条）、子ども・子育て家庭の視点から、その内容如何が問われるといえよう。

2　保育・幼児教育と教育基本法

1　「幼児期の教育」という概念

　教育基本法（以下、教基法）第11条は、「幼児期の教育」について、「生涯にわたる人格形成の基礎を培う重要なものであることにかんがみ、国及び地方公共団体は、幼児の健やかな成長に資する良好な環境の整備及びその他適当な方法によって、その振興に努めなければならない」と規定している。同条は、旧教基法の全部改正にあたり、教育の実施に関する基本として新設された条文の1つであるが、ここでいう「幼児期の教育」とは、「幼稚園・保育所等で行われる教育のみならず、就学前の幼児に対し家庭や地域で幅広く行われる教育を含めた教育を意味[3]」するものととらえられている。そして、「幼児期の教育の重要性を規定するもの[4]」と位置づけられている。

　同条における「幼児期の教育」の定義づけは、2005年 1 月に公表された文部科学省・中央教育審議会答申「子どもを取り巻く環境の変化を踏まえた今後の幼児教育の在り方について」の内容を基本的に踏襲（とうしゅう）したものとなっている。すなわち、同答申は、新しい「幼児教育」概念をベースに、「子どもの最善の利益」のためにあるべき今後の幼児教育の取り組みの方向性や具体的施策を提示しているが、そこでの「幼児教育」は、小学校就学前の「幼児に対する教育を意味し、幼児が生活するすべての場において行われる教育を総称したもの」となっている。具体的には、「幼稚園における教育、保育所等における教育、家庭における教育、地域社会における教育を含み得る、広がりを持った概念」ととらえられている。そして、① 家庭・地域社会・幼稚園等施設の三者による総合的な幼児教育の推進、② 幼児の生活の連続性及び発達や学びの連続性を踏まえた幼児教育の充実、の 2 つを今後の課題として打ち出している。こうした理解のしかたは、実際に、文部科学省自身によって、「なお、中央教育審議会の平成15年 3 月の答申の中では、幼児教育について新たに規定すべきとの提言はなかったのでございますけれども、その後平成17年 1 月に提言された幼児教育のあり方に関する中教審答申、「子どもを取り巻く環境の変化を踏まえた今後の幼児教育の在り方」という形で答申をいただきましたが、また、本年（2006年・引用者注） 4 月に与党協議会の最終報告なども、新たに幼児教育の項目が盛り込まれておったところでございまして、こういった観点も踏まえまして、11条の規定を設けさせていただいたところでございます[5]」と表明されている。

　教基法に「幼児期の教育」に関する規定が盛り込まれたことについて、「これまで教育法上軽視されがちであった幼児教育の重要性を明示した[6]」点が注目される、という指摘がなされているが、確かに、旧教基法において幼児教育に関する直接的な規定がなく、「『国民』には当然のことながら就学前の子どもも含まれる」などと唱えられていたことと比較すれば、幼児教育の持つ意義や固有性が一定意識されたものとみなすことができる。しかしながら、教育法令として、幼児教育について学校教育法などが関連しており、「敢えて教育の基本法である教育基本法に規定する必要があるのか[7]」といった疑問も呈されているように、どのような観点から幼児教育の重要性をとらえ、また、いかなるかたちで位置づけていくかが問われる必要がある。

2 「幼児期の教育」の振興と保育・幼児教育行政

　前述のごとく、同条は、国・地方自治体が「幼児期の教育」の振興に努めなければならない旨を新たに規定しているものとなっている。この点に関し、「国・自治体の環境整備に言及したことが注目される[8]」と一定評価する向きもあるが、その一方で、「国の義務が子どもの権利に対応しておらず、かつ、努力義務にとどまっていること、働く親に対する支援の観点が欠けていることを問題点として指摘できる。今後、本条を具体化するためには、何よりも財政措置を伴った保育サービスの充実が必要である[9]」、「国、地方公共団体の努力目標となる施策の展開に関しては、「幼児の健やかな成長に資する良好な環境の整備その他適当な方法」によるという誰もが賛成するきわめて抽象的な表現になっており、具体的実効性がどこまで伴うのかについては疑問視する声もある。幼児期の教育の無償化等、幼児期の教育施策が低水準にとどまるのではないかという危惧を払拭するための努力が、今後、期待される[10]」といった批判や疑問が出されている。これらに見られるように、「幼児期の教育」の振興に係る国・地方自治体の保育・幼児教育行政の任務及び事務のあり様（よう）が問われているが、より本質的には、国・地方自治体の保育・幼児教育環境、特に保育・幼児教育条件整備義務についての法的欠缺（けんけつ）が確認されておかねばならない。

　ここでいう「保育・幼児教育条件」とは、権利としての保育・幼児教育の目的を達成するために必要なすべての条件をさしているが、保育所・幼稚園・認定こども園等保育・教育施設に代表される「制度としての保育・幼児教育」に係る人的・物的・財政的条件がその中核をなしている。すなわち、近年、家庭や地域社会の教育力の低下など、子どもの育ちと保護者の子育て環境が大きく変化するなかで、「格差社会といわれる今求められるべきことは、むしろ逆に家庭外の教育の重要性を強調し施策化することであるかもしれない[11]」といった見解が示されているように、保育・幼児教育制度を中心に、保育・幼児教育条件を積極的に整備、確立していくことが求められるのである。それは今日、「子どもの貧困」が拡大するなかで、教育社会学の領域から、社会問題としての学力格差の緩和・是正（ぜせい）に向け、その方策の１つとして、「ほぼすべての子どもたちが均質で高水準の保育システムに参加できるようにする[12]」ことが提案されているのと軌を同じくするものである。保育・幼児教育を、次代の社会を担う子どもを育てる「公共なるもの」ととらえ、「国家には、社会国家的理念の下で、教育権や学習権の充実のために一定の権限と責任がある[13]」と解していくことが

大切である。すなわち、権利としての保育・幼児教育保障に向けた保育・幼児教育条件の全国的な最低基準の維持、向上や、全国における保育・幼児教育の振興に係る財政措置、財源確保が基本となるといえよう[14]。

　ただし、上述のことと「国が幼児教育の内容を決定して、国民に押し付けることとは、全く意味が異なる」[15]といわざるを得ない。近年、保育所・幼稚園・認定こども園等保育施設における保育・教育内容、さらには教基法第10条（家庭教育）の規定と相俟って、家庭教育、家庭の子育てに対する干渉、介入の程度が一段と増してきており、国・地方自治体による保育・教育内容行政[16]並びに家庭教育支援・子育て支援[17]のあり方が問われていく必要があろう。

３　保育・幼児教育と「子ども・子育て関連３法」等関係法規

1　「子ども・子育て関連３法」の概要と問題点

　「支援法」、「認定こども園法一部改正法」及び「関係法整備法」で構成される「子ども・子育て関連３法」は、政府の説明資料によれば[18]、① 認定こども園制度の改善（幼保連携型認定こども園の改善）、② 認定こども園、幼稚園、保育所を通じた共通の給付（「施設型給付」）及び小規模保育等への給付（「地域型保育給付」）の創設、③ 地域の子ども・子育て支援の充実（利用者支援、地域子育て支援拠点等）を図っていこうとするものであることが示されている。

　「子ども・子育て関連３法」について、子ども・子育て支援制度（以下、新制度）に係る主な内容を列記すれば、次のようになる。すなわち、① 基礎自治体（市町村）が子ども・子育て支援の実施主体となる（支援法第３条）。② 認定こども園、幼稚園、保育所を通じた共通の給付（「施設型給付」）及び小規模保育事業・家庭的保育事業等への給付（「地域型保育給付」）を創設し（同第11条）、都道府県の認可を受け市町村の確認を得たこれらの施設・事業について財政支援を行う（同第27条・第29条。ただし、市町村が児童福祉法第24条に則って保育の実施義務を引き続き担うことに基づく措置として、私立保育所については現行通り、市町村が保育所に委託費を支払い、利用者負担の徴収も市町村が行うものとする）。③ 市町村が客観的基準に基づき、保育の必要性（保育必要量）を認定する仕組みとする（同第20条）、④ 施設型給付や地域型保育給付については、保護者に対する個人給付を基礎とし（同第27条第１項、第29条第１項）、確実に学校教育・保育に要する費用に充てるため、法定代理受領の仕組みとする（同第27条第５項、第29条第５項）。⑤ 幼保連携型認

定こども園について、単一の施設として認可・指導監督等を一本化したうえで、学校及び児童福祉施設としての法的位置づけを持たせる（認定こども園法一部改正法第2条第7項、第9条）、などである。

　こうした制度設計について、子どもの権利保障・発達保障の観点から批判する声や意見が数多く出されている。例えば、全国保育団体連絡会は、① 市町村責任による保育所保育と、その他施設との直接契約制度が併存する。② 支給認定により保育時間に上限設定──必要な保育が受けられなくなる。③ 保育施設、事業の多元化により保育基準、保育条件に格差が持ち込まれる。④ 保護者の保育料負担が増える。⑤ 保育と教育（幼児教育）が区分され、保育は時間預かりの託児になる。⑥ 保育所施設整備費補助金が廃止される。⑦ 企業参入が促進され、公費が保育のために使われなくなる。⑧ 公立施設の民営化、統廃合が促進される、の8つの問題点を掲げている。[19] この指摘に代表されるように、同法の制定及びそれに基づく施策の展開が、本当の意味で、「子ども・子育て支援」のための制度改革となり得るものであるかが問われているといえよう。

2　子ども・子育て支援制度と保育・幼児教育

　はたして、新制度は、子どもの心身ともに健やかな成長・発達や、子どもと保護者の「幸福」の実現に資するものになっていくのであろうか。子ども・保護者・保育者の「権利」としての保育・幼児教育という視点から、3つの問題点を指摘しておきたい。[20]

　第1点は、新制度にあっては、保護者に対する個人給付（個人給付方式または利用者補助方式）と保護者が自ら選択し施設と契約する直接契約制を基本的な仕組みとすることで、これまでは施設に対する国・自治体の負担金・補助金交付（施設補助方式）と自治体責任による入所・利用の仕組みをとってきた保育所制度に大きな変容をもたらすものであるということである。「関係法整備法」に基づく改正児童福祉法において、市町村の保育義務は残されたものの、「保育の実施」という言葉が「保育の利用」に変更されるなど、その範囲・内容や公的責任性が従前に比べ大幅に縮小・後退したものとなっている。それは個々の保育所経営はもとより、地域における保育施設経営（地域保育経営）にとってもかつてないダメージを与えることになるといっても過言ではない。

　第2点は、第1点と深く結びついているが、新制度にあっては、子ども・子

育て支援の実施主体は基礎自治体（市町村）とされ、市町村は、国・都道府県の負担金・交付金と市町村財源（地方分）を合わせ、地域のニーズに基づいて支援計画を策定し給付・事業を実施していくことになるが、自治体の取り組み姿勢や財政力の違いにより、自治体間格差がさらに拡大していくことが危惧されるということである。それは、近年における「地域主権改革一括法」（2011年4月〈第1次〉、同年8月〈第2次〉、2013年6月〈第3次〉。正式項目は、「地域の自主性及び自立性を高めるための改革の推進を図るための関係法律の整備に関する法律」）に基づく「児童福祉施設の設備及び運営に関する基準」（保育所関連部分）の地方条例化の動きとも絡んで、子ども・子育て支援におけるナショナル・ミニマムの引き下げ・解体につながり、地域によって、親と子の「幸福」の実現に理不尽な格差が生じることが懸念される。

　第3には、新制度にあっては、認定こども園や幼稚園、保育所（当分の間、私立保育所は除く）は、基本的に、特定教育・保育施設として支給される「施設型給付」と利用者（保護者）が認定された保育必要量を超えて保育を利用した場合に支払う自己負担金（延長保育、一時預かり等）並びに実費負担、上乗せ徴収で経営していくことになり、これまでより不安定化することが予想されるということである。特に保育所経営にあっては、その傾向が顕著となる。現行の保育所運営費は廃止となり、保育所を利用する子どもの数と保護者の就労等に応じての利用時間数に対応して支払われることになるため、保育短時間認定（保護者の就労が1カ月48〜64時間程度）の子どもが多い施設は減収となり、非常に窮屈（きゅうくつ）な財政状況のなかで、施設経営がせまられる。個々の保育所は自園の存続だけを考え、財政効率優先主義の経営が蔓延する可能性が高くなる。また、保育所施設整備補助金も廃止されることから、将来の施設の改修を考慮すれば、人件費を圧縮せざるを得ない。そうなれば、保育士等職員の労働条件の悪化は避けられないのである。

　では、子どもや子育て家庭の当事者の視点に立った保育・幼児教育制度とはいかなるものであるべきであろうか。以下では、2つ、指摘しておきたい。

　1つは、保育・幼児教育制度は、子どもと保護者の「幸福」を実現するためのものであることを確認するところからスタートすべきであるということである。すなわち、保育所、幼稚園、認定こども園等保育施設は、その本来の目的である子どもと保護者のトータルな人権保障をめざして、保育施設における諸条件（諸組織・諸施設）を整備確立していくことが求められるのである。そのた

めに、国・自治体は、子ども・子育て支援に係る公的責任として、子どもと子育て家庭を取り巻く社会的、経済的、教育的、福祉的、文化的な環境を十全に保障していくことが強く要請されるのである。中谷彪は、子どもの健やかな成長と発達の前提条件として、教育的文化的に健全な生活や経済的に安定した生活、環境的に安全な生活、愛情溢れる人的環境を掲げ、「親・教師にはそれぞれ固有の責任はあるが、施策の責任は国・地方公共団体にある」と述べているが、この指摘は、新制度についてもそのまま当てはまるものである。

2つは、新制度の基本的な制度設計は、「教育と福祉の統一（以下、教育福祉）」もしくは「子ども家庭福祉」をキーワードに、総合的かつ統一的にとらえていく必要があるということである。すでに述べたように、近年における保育・幼児教育制度改革は公費を抑制し保育を市場化するために、一部（幼稚園、幼保連携型認定こども園、幼稚園型認定こども園）を除き、企業参入を容認した多様な事業主体による多元的な保育サービスシステムを構築することを企図するものとなっている。また、「質の高い幼児期の学校教育、保育の総合的な提供」をスローガンに、従前までの「幼児教育」を「幼児期の学校教育」という新ワードに置き換えるとともに、それを教育の質向上策との係わりから、コア概念と位置づけたうえで、幼稚園・保育所における「保育」を前者は「学校教育」、後者は「保育」というように分離し区別しようとするものとなっている（支援法第7条第2項・第3項、認定こども園法一部改正法による改正後の認定こども園法第2条第7項～第10項等）。望ましい保育・幼児教育制度とは、決してこのような姿ではあり得ず、「地方自治」「住民自治」「地域性」の3原理を根幹に、教育福祉・子ども家庭福祉に係る総合的な行政のあり方が志向されるなかで、「公費負担主義」を原則とした条件整備に向けた枠組が模索されていかなければならない。

おわりに

日本では従前から、子育ては保護者の第一義的責任に属するものであるという考え方が根強く、現代にあっても、その社会化としての保育・幼児教育を「公共なるもの」ととらえていくという意識が十分に確立されていない。そのいっぽうで、否、そうであるからこそ、初等中等教育に比して、保育・幼児教育は新自由主義・市場主義政策の影響をストレートに受け、その動静に翻弄され続けている。保育・幼児教育に対する社会的な関心が高まりつつある今日こそ、

その理念、目的、法制、制度、行財政、内容、方法を当事者主体から再検討していくことが大切であろう。なかでも、国・地方自治体による「幼児期の教育」の振興の法制度的あり方が真摯に問われていかなければならないといえよう。

| 演習問題 |

1．1990年代半ば以降における保育・幼児教育制度改革の動向について調べてみよう。
2．教育基本法における「幼児期の教育」概念について整理してみよう。
3．保育・幼児教育と法をめぐる問題を1つあげ、その現状と課題について考察してみよう。

注

1）伊藤良高「幼児教育・保育行政を考える」、伊藤良高・中谷彪・浪本勝年編著『現代の幼児教育を考える［改訂版］』北樹出版、2005年、79頁。

2）参照：伊藤良高「幼児期の教育と教育基本法」、伊藤良高・大津尚志・中谷彪編『新教育基本法のフロンティア』晃洋書房、2010年。

3）衆議院・教育基本法に関する特別委員会における馳文部科学副大臣の答弁による（2006年6月8日会議録）。

4）衆議院・教育基本法に関する特別委員会における小坂文部科学大臣の答弁による（2006年6月2日会議録）。

5）同上。

6）解説教育六法編修委員会編『解説教育六法2008』三省堂、2008年、54頁。

7）中谷彪『子どもの教育と親・教師』晃洋書房、2008年、68頁。

8）注6）と同じ。

9）同上。

10）坂田仰『新教育基本法〈全文と解説〉』教育開発研究所、2007年、51頁。

11）塩野谷斉「家庭教育と教育基本法」、伊藤・大津・中谷編前掲書、71頁。

12）耳塚寛明「学力格差の社会学」、耳塚寛明編『教育格差の社会学』有斐閣、2014年、15頁。

13）植野妙実子「教育目的と公共性」、日本教育法学会編『日本教育法学会年報・教育における公共性の再構築』第34号、有斐閣、2005年、43頁。

14）2019年5月に、「子ども・子育て支援法の一部を改正する法律」が成立し、子育て家庭の経済的負担の軽減を図るため、市町村の確認を受けた幼児期の教育及び保育等を行う施設等の利用に関する給付制度を創設する等の措置が講じられた（施行は同年10月）。

　　　すでに現行法に基づく個人給付の対象となっている認定こども園、幼稚園、保育所等については、子ども・子育て支援法施行令を改正し、利用者負担を無償化する措置が講じられた。また、就学前の障害児の発達支援についても、児童福祉法施行令を改正し、

利用者負担を無償化する措置が図られた。

15）中谷前掲書、82頁。

16）2017年3月に、厚生労働省「保育所保育指針」、文部科学省「幼稚園教育要領」及び
内閣府・文部科学省・厚生労働省「幼保連携型認定こども園教育・保育要領」が改訂（定）
されて以降（施行は、2018年4月）、保育・幼児教育の世界では、これらの文書を「3
法令」と称し、新たな保育・幼児教育への転換と解する見解も提起されている。しかし
ながら、それらでは、例えば、共通して「育みたい資質・能力」や「幼児期の終わりま
でに育ってほしい姿」など目指す子どもの姿がかなり子細に記述されているが、文書自
体の性格をどうとらえ、実践場面において位置づけていくか、丁寧に議論される必要が
あろう。

17）2010年代初め以降、家庭教育支援に係る立法化の動きが表面化している。いくつかの
地方自治体における条例（「くまもと家庭教育支援条例」2013年、「和歌山市家庭教育支
援条例」2016年、他）制定や国における議員立法による「家庭教育支援法案」の立案な
どがその例である。

18）内閣府・文部科学省・厚生労働省「子ども・子育て関連3法について」2012年。

19）全国保育団体連絡会「見解／子ども・子育て（新システム）関連法では子どもの権利
は守れない――子ども・子育て関連法など社会保障・税一体改革関連法の成立と今後の
課題――」2012年。

20）参照：伊藤良高「初期教育制度と保育・教育自治論」、日本教育制度学会編『現代教
育制度改革への提言　上巻』2013年、101-103頁。

21）中谷彪「子どもの育ちと親・教師の責任」、伊藤良高・永野典詞・中谷彪編『保育ソー
シャルワークのフロンティア』晃洋書房、2011年、4頁。

参 考 文 献

伊藤良高『保育制度改革と保育施設経営――保育所経営の理論と実践に関する研究――』
　　風間書房、2011年。

伊藤良高『増補版　幼児教育行政学』晃洋書房、2018年。

伊藤良高編著『第2版　教育と福祉の課題』晃洋書房、2017年。

伊藤良高編著『教育と福祉の基本問題――人間と社会の明日を展望する――』晃洋書房、
　　2018年。

伊藤良高・伊藤美佳子編『乳児保育のフロンティア』晃洋書房、2018年。

伊藤良高・大津尚志・香﨑智郁代・橋本一雄編『保育者・教師のフロンティア』晃洋書房、
　　2019年。

伊藤良高・宮﨑由紀子・香﨑智郁代・橋本一雄編『保育・幼児教育のフロンティア』晃洋
　　書房、2018年。

コラム1

▶保育・幼児教育の無償化を考える

はじめに

2019年10月1日より始まった保育・幼児教育の無償化（以下、単に無償化とする）は、年度が終わって振り返れば、おそらく保育・幼児教育に関する話題のトップニュースになっていると思われるが、それだけに連日各メディアを賑わせ、様々な議論を巻き起こしている。

社会的影響が大きい政策であり、かつ話題性の強いテーマでもあるせいか、様々なメディアで取り上げられ、市井の人々から専門家まで多くの意見が出され、またそれだけに論じられ方も見解もさまざまである。無償化に否定的な論調も少なからず見られるが、そこでは先行する課題であった「待機児童問題」や、「保育者の処遇改善」、「保育の質の向上」と関連付けて語られたりしている。

無償化は誰が見るかによって全く見え方の違う問題であり、それだけに世論の一致をみるのは難しいと言えるだろう。また同時に、本コラムでは制度開始後の保育需要の動向などを確認するより前にこの話題について論じる難しさもあるが、現時点（制度開始1か月後）での検討をしてみたい。

無償化への道──保育・幼児教育制度の改革──

無償化はその対象とする年齢の子ども（概ね0〜6歳）の全部であれ一部であれ、世界各国において広がりつつある政策の1つである。社会保障に手厚いイメージのあるヨーロッパ諸国だけではなく、隣国である韓国においても無償化は始められており、2013年に0歳から5歳児までの無償化が実施されている。また一方では義務教育の低年齢化も進んでおり、2019年から義務教育を3歳児からとしたフランス、5歳児の幼稚園就園義務があるハンガリー、5歳から小学校に入学するイギリスなど、日本よりも早い時期からの就学を義務付けている国もある[1]。無償化、幼児期の義務教育化は、幼児期における教育の重要性が唱えられている今、保育・幼児教育の大きな論点の1つとなっている。また少子高齢化という課題を抱える国々にとって、無償化・義務教育をすすめることは、人口政策、経済政策、教育政策など複数の観点から関心を持たれる政策となってきている。

日本においては、無償化が閣議決定されたのが2019年2月であり、それから1年も経たずして実施されたことで、多くの人にとって突然降ってわいた話題のようにとらえられがちだが、実はそうではない。意外に思われるかもしれないが、無償化は少なくとも10年以上前に教育再生懇談会第1次報告（2008年5月26日）

に「幼児教育無償化の早期実現」が盛り込まれているだけではなく、その実施についても2014年度から段階的に進められてきている。無償化の大きなポイントは「新しい経済政策パッケージ」によるものであることだが、それですら2017年12月には閣議決定されており、何も突然始まった議論であるというわけではない。

無償化と、様々な保育の課題

　さて話題に上りやすい「待機児童問題」「保育者の処遇改善」や「保育の質の向上」等の課題とはどのように考えるべきだろうか。おそらくこれらは、解決が必要だが無償化と関係させて論じるべき問題ではない、と考えられる。無償化は無償化で必要であり、上記の課題もそれぞれ解決が必要な課題である。それぞれにニーズがあり、解決が求められる問題、ということであり、どちらが先であるとか、どちらがより重要であるということではなく、それぞれ全て解決すべき問題である。例えば「待機児童問題」は、解決の目的と解決方法は「無償化」とかなり近似したところにあると考えられるが、フェーズが異なるものとして捉えるほうが良いのではないだろうか。少なくとも無償化は、日本が国として保育・幼児教育に関わる問題を重点施策としてとらえ、望ましい政策を実行したという点では評価すべきところもある。

　だが様々な点で十分に整合性のある政策にはならなかった、という点もまた事実である。例えば副食費を実費での徴収としたことであるが、自治体によっては、これによりかえって負担増となる家庭があった、ということがある。[2] この点については「本来かかるはずではない費用が請求されるようになった」ということではなく「手厚くなっていた部分のサービスが減った」ことが問題として取り上げられているという見方も必要だと考えられるが、このような問題に対しての対応が後手に回った感は否めず、保育を利用する一般の保護者にも理解しやすい制度であったかは疑問である。同時に給食費については、忘れられがちだが小学校等の義務教育の給食費が無償になっていないことも関係する。日本国憲法で「無償」とされた義務教育にかかる費用の一部が、今もって無償となっていないことも、保育・幼児教育の給食費問題に暗い影を落としている。

　今回無償化の対象とはならなかった3歳未満児についても、今後の重要な課題だろう。未就園児の多い3歳未満児の無償化は、3歳以上児の無償化とは対応の規模もコストも大きく異なる。

　おそらく既に検討が始められているだろうが、今後改めて「何歳から何歳までの子どもの、何を無償とするのか」「何歳から義務教育を始めるのか」「保育・教

育行政の自治体ごとの差をどのように解消するのか」といった次の課題が浮上し、解決が目指されるだろう。

お わ り に──「新しい経済政策パッケージ」というフレーム──

さてこの問題を締めくくるに当たって、無償化が「新しい経済政策パッケージ」によるものである、ということを再度確認しておく必要がある。つまり「保育政策」でも「教育政策」でもなく、「経済政策」の一環として無償化が取り扱われているということであり、いうまでもなくその主眼は少子化対策に置かれている[3]。

仮にこの政策が必要であるという立場に立つとしても、「子ども」をもうけること、子育てを行うといった、人間の最も基本的な生に関わるテーマが、市場経済の論理の中に取り込まれることについては一抹の不安を感じずにはいられない。我々は何も、市場のために子を産み、育てるのではない。市場原理から離れた、本当の意味での「不易の力」「生きる力」とは何か、それを育てる保育・幼児教育とは何かを考えなければならないだろう。

注

1）日本でも5歳児からの義務教育は議論されている。教育再生実行会議第5次提言を参照。

2）このような問題は、これまで独自に保育の補助制度を設けてきた全国各地の自治体で発生している。

3）「保育の質の向上」も、「経済問題」としての側面を隠し切れない。世界的に保育・幼児教育政策に大きなインパクトを与えたジェームズ・ヘックマンは「経済学者」である。

参 考 文 献

教育再生懇談会HP、「これまでの審議のまとめ（─第一次報告─）」https://www.kantei.go.jp/jp/singi/kyouiku_kondan/houkoku/matome.pdf（2019年10月30日最終確認）。

OECD『OECD保育白書』星美和子、首藤美香子、大和洋子、一見真理子訳、明石書店、2011年。

ヘックマン、J.『幼児教育の経済学』、東洋経済新報社、2015年。

第4章 学校制度と法

はじめに

　戦前の学校体系は、小学校における義務教育の普及を図る一方で、中等教育以降は複数の学校種が存在し制度的に分岐するという意味で「複線型」の特徴をもっていた。これに対して、戦後は、普通教育を目的に据えた上で、義務教育年限を9年間に延長し、年齢主義（学習者の年齢に応じて決まった学年・学級に所属する形態）等の構成原理を重視した単一の学校体系（6・3・3・4制）が整備された。こうして「単線型」学校体系は、社会階層や性差等によることなく、教育を受ける権利や教育の機会均等を保障する制度的基盤として機能・定着してきた。他方で、現代日本の教育改革の特徴は、戦後形成され定着してきた教育制度や学校体系のみならず、その制度を支える制度原理それ自体の再編を企図している点にある。

　本章では、学校制度の基本的枠組に関する法規定を確認した上で、学校制度を対象とした改革論議の論点整理を行う。

1　学校制度と教育基本法・関係法規[1)]

1　教育基本法における義務教育

　日本国憲法（以下、憲法）第26条は国民がその子どもに普通教育を受けさせる義務を定め（就学義務）、教育基本法（以下、教基法）第5条第1項は「国民は、その保護する子に、別に法律で定めるところにより、普通教育を受けさせる義務を負う」と規定している。義務を負う主体は子自身ではなく、保護すべき子を持つ国民、すなわち、保護者（子に対して親権を行う者。親権を行う者のないときは、未成年後見人）である。

　第1に、条文中の「別に法律で定めるところ」部分が示す代表的な法令が学

校教育法（以下、学校法）であり、義務教育年限を 9 年とすること（第16条）や義務教育は満 6 歳に達した日の翌日以後に始まる学年から始まること（第17条）など、学校制度の基本構造を規定している。この他、学校法を実施する上で必要となる規定を内閣が定めた政令が学校教育法施行令であり、これを受けて文部科学大臣が定めた省令が学校教育法施行規則（以下、学校法施規）である。

　第 2 に、憲法や教基法が規定する「普通教育」とは、専門教育や職業教育に対置する概念である。具体的には、普通教育とは、すべての人間にとって日常生活を営む上で共通に必要とされる一般的・基礎的な知識・技能を施し、人間として調和のとれた育成を目指すための教育と解されている。

　第 3 に、義務教育について、教基法第 5 条第 2 項には義務教育として行われる普通教育の目的が規定されているほか、同条第 3 項には国・地方に対する義務教育の機会保障と水準確保に関する責任規定が置かれている。また、上記規定を受けて、保護者の就学義務（学校法第16条）を確実に履行させるために、市町村には小中学校の設置義務が課されている（学校法第38条、第49条）。国・地方は、幼児教育の条件整備等の振興に努めなければならないが幼稚園の設置義務までは課されていない点（教基法第11条）や、公立高校の整備（配置及び規模の適正化）が都道府県の努力義務に留まっている点（公立高等学校の適正配置及び職員定数の標準等に関する法律第 4 条）と比較した場合、当該規定からは義務教育段階において「教育を受ける権利」を制度的に保障しようとする姿勢を感じることができよう。この他、学校の設置者は、「学校の種類に応じ、文部科学大臣の定める設備、編制その他に関する設置基準」に従わなくてはならない（学校法第 3 条）。具体的な法令としては、総則的な共通基準（必要な施設・設備の種類、学校の位置など）、設備編制基準（学校種ごとの学級編制、校務分掌、職員会議など）、教育基準（教育課程の編成、修了・卒業要件など）を規定した学校法施規の他、学校設置の最低基準性を明示した省令である学校設置基準（小学校設置基準、中学校設置基準など）がある。

　なお、2007年の学校法改正により、教基法第 2 条が規定する教育の目標（知・徳・体のバランス）に基づく形で、小中学校共通の義務教育の目標（第21条）、各学校種の目的（第22条、第29条、第45条、第50条、第63条、第72条、第83条、第115条、第124条）、教育の目標（第23条、第30条、第46条、第51条、第64条）が規定され、努力義務だった義務教育の目標が義務化されるに至った。特に、当該改正で追加された第30条第 2 項の規定は、今後育成すべき学力観の 3 要素（① 基礎的知識・

技能、② 思考力・判断力・表現力、③ 主体的に学習に取り組む態度）を明示したものとして注目に値する。当該規定は、小学校のみならず中学校、高等学校、中等教育学校にも準用される（学校法第49条、第62条、第70条）。

2　教育基本法における学校教育

　学校設置の能力規定である教基法第６条第１項は、旧教基法第６条第１項を引き継ぐ形で、「法律に定める学校は、公の性質を有するものであって、国、地方公共団体及び法律に定める法人のみが、これを設置することができる」と、幼稚園から大学までを通じた学校教育の基本的性格と学校設置主体を規定している。また教基法第６条第２項は、学校教育の意義や基本的役割、学校教育で重視されるべき事柄を規定し、学習指導要領等に基づいた教育課程編成の根拠規定として位置づけられている。

　第１に、「法律に定める学校」とは、学校法第１条のいう正規の学校（幼稚園、小学校、中学校、義務教育学校、高等学校、中等教育学校、特別支援学校、大学、高等専門学校）を指す。近年の認定こども園法の一部改正に伴い、「学校及び児童福祉施設としての法的位置付けを持つ単一の施設」として「幼保連携型認定こども園」が制度化され、2015年４月以降は幼保連携型認定こども園も「法律に定める学校」として位置づけられている。これら「１条校」は、教基法等に規定された教育の目的・目標、学校法等に規定された目的や入学資格など、正規の学校体系に属するものとして様々な規制を受けている。

　他方、① 職業・実際生活に必要な能力の育成や教養の向上を図ることを目的とした専修学校（学校法124条）、② 予備校（①の専修学校としての認可を受けていないものを指す。各種学校に位置づかない無認可の予備校も存在している）、学習塾、インターナショナル・スクール、外国人学校、留学生向けの日本語学校、自動車教習所など、学校教育に類する教育を行う各種学校（学校法134条）、③ 文科省以外の省庁や都道府県等が設置する教育訓練施設等を示す大学校（防衛大学校、防衛医科大学校、海上保安大学校、気象大学校、水産大学校、国立看護大学校、職業能力開発総合大学校、職業能力開発大学校・短期大学校、海技大学校・短期大学校、航空大学校、警察大学校、税務大学校、自治大学校、消防大学校、国土交通大学校、航空保安大学校、労働大学校、農業大学校、林業大学校、中小企業大学校、市民大学校など）、④ 児童福祉法に基づく児童福祉施設の保育所等の機関、⑤ 法令によらない教育施設の無認可校（フリースクール、フリースペース、サポート校など）は、教基法第６条の適用

外であり、「非 1 条校」と呼ばれる。

　第 2 に、「公の性質」の意味について。現在の学校は、国民の人格の完成と国家・社会の形成者を育成するという目的の下、一定基準を満たした人的・物的要素により構成され、法令で定められた教育課程等の基準（学校法等に基づく学習指導要領など）に従った教育が行われている。ここでは、① 中立性（不偏不党であること）、② 公開性（国民全体のために教育が行われていること）、③ 共通性（一定の教育内容と教育水準が確保されていること）等の制度原理が重視されている。

　「公の性質」をめぐる学説としては、① 学校設置者それ自体の性質を根拠とする教育事業主体説と、② 学校設置者が行う教育事業それ自体の性質を根拠とする教育事業説の 2 つが存在していたが、現在では後者が多数説となっている。すなわち、学校教育事業は、教育を受ける権利を有する国民全体の教育機会の保障、ひいては国民の福利のために行われ、結果として社会における公共的課題の解決や国民統合の機能・役割を担うことになるという意味において、国家社会が責任をもって取り組むべき極めて公共的な性格を有する営みであることから、法律に定める学校が行う教育事業は、私立学校も含めて例外なく「公の性質」を有すると解されている。

　第 3 に、学校設置主体について。学校設置の能力規定である教基法第 6 条第 1 項は、学校設置主体を、① 国（国立大学法人法第 2 条第 1 項のいう国立大学法人、独立行政法人国立高等専門学校機構を含む）、② 地方公共団体（地方独立行政法人法第68条第 1 項のいう公立大学法人を含む）、③ 法律に定める法人（私立学校法第 3 条のいう学校法人）の 3 種に限定しており、3 種が設置する学校がそれぞれ国立学校、公立学校、私立学校となる（学校法第 2 条）。私学の設置を原則として学校法人に限定しているのは、学校法人という法人類型をもってすれば、組織・資産等の観点から一定水準の教育条件を確保し、公教育の一翼を担うのに適切な学校設置能力の基準（継続性、安定性、確実性、公共性等）を満たし得ると想定したためである。なお、学校設置者は、文部科学大臣、都道府県知事、都道府県教育委員会等から学校種や設置形態に応じた認可を受けなければならない[2]。

　なお、近年の改革動向として、規制改革の一環として学校設置主体の多様化が進み、構造改革特別区域法に基づく学校法の読み替え適用によって、株式会社（学校設置会社）や特定非営利活動法人（学校設置非営利法人）による学校設置が容認されている。企業家精神の下で企業文化を醸成し大規模な資本集約を軸に経済活動を行う株式会社、相互扶助の精神の下で福祉文化を醸成し社会的使

命を必達すべく社会貢献活動を展開する特定非営利活動法人に対して、「公の性質」を有する学校の設置を継続的に認めていくことの是非は、未決着の課題となっており、理論・実証的にも引き続き問われるべきものとなっている。

3 教育基本法における私立学校

　近代日本の学校教育は、江戸時代の寺子屋や私塾等を基盤として発達したが、これらの教育機関は国家の専属事業である学校教育の代用補助機関として位置づけられるに留まり、国家の特許事業として開設できるに過ぎなかったと総括されることが多い。これに対して、現在の私立学校（以下、私学）は、建学の精神等に裏付けられた個性豊かな教育・研究活動を展開することを通じて、質量の両面において幼稚園から大学院に至る学校教育全体に多大な影響を与え、公教育の重要な一翼を担っている。このような状況に鑑みて、教基法第8条は、日本の私学の果たす役割に鑑みて、私学振興に対する国や地方公共団体の努力義務を規定している。私学の自主性の尊重や公共性の高揚に関してはすでに私立学校法（以下、私学法）において規定があるが、2006年の教基法改正時に教基法第8条に独立条項として新設されるに至った。

　第1に、本条のいう「私立学校」とは、私学法第3条に基づいて設立された学校法人を指す。ただし、①学校法附則第6条に基づく学校法人以外の者（財団法人、社団法人、社会福祉法人、宗教法人、その他の法人、個人等が設置する幼稚園）、②構造改革特別区域法に基づいて学校設置を認められている学校設置会社立の学校（第12条）、不登校児童生徒等を対象とする学校設置非営利法人立の学校（第13条）、公私協力学校法人立の公設民営型学校である高校や幼稚園（第20条）、③放送大学学園法第3条の放送大学学園もここに含まれると解されている。

　第2に、私学の自主性とは、極言すれば、私学の自由を意味する。私学の自由は、一般的には、①「私学設置の自由」（私学は私法人である学校法人等によって設置されること）と、②「私学教育の自由」（私学は独特の建学精神、校風、教育方針、校則、教員構成、教員と学生の相互交流等によって独自の教育環境を作り出すこと）から構成されると解されている。[3]　特に、私学教育の自由は、私学の存在意義である建学の精神（個人・団体・組織が希求する理想や教育理念）、それを反映した教育方針、その下で展開される独自の教育課程等（宗教教育の実施、実験教育の実施、教育目的・教科・教育課程の設定、教材・教具の選定、教育方法の採用など）として現実化され、結果として、私学の特性である私学運営の自主性・独自性・自律性が保障され

ることとなる。なお、私学の自主性を確保するための措置として、実定法上も
様々な規定が存在している。一例として、① 所轄庁の権限（学校の設置廃止等の
認可、設置者変更の認可、学校の閉鎖命令に関する特別規定など）が制限列挙され（私学
法旧第 5 条第 2 項、私学法第 5 条）、権限行使の際も私学審議会等への諮問等が義
務付けられていること（私学法第 8 条）、② 学校法第14条に規定する学校の設備、
授業その他の事項に関する法令違反時等の変更命令権が適用除外とされている
こと（私学法第 5 条）、③ 宗教教育の自由が保障され、「道徳」に代えて「宗教」
を教育課程に設定することが可能であること（教基法第15条第 2 項、学校法施規第
50条 2 項）、④ 義務教育段階における国公立学校の授業料徴収の禁止に対して、
徴収の自由が保障されていること（学校法第 6 条）、⑤ 原則として通学区域の制
限がなく、全国の児童生徒の自由募集が保障されていること等が挙げられる。
他方、私学といえども国の教育課程基準である学習指導要領など各種法令を遵
守する必要があると解釈されている。

　第 3 に、私学振興方策に関して、教基法第 8 条は、「助成その他の適当な方法」
による振興を挙げている。その 1 に、「助成」による振興とは、私立学校振興
助成法等に基づく経常費補助金など、公金支出を伴う振興方策を指す。公金支
出を伴う「助成」を受けることができるか否かは、憲法第89条が規定する「公
の支配」に属しているか否かで判断されることになるが、近年の政府解釈は、
学校法、私学法、私学助成法という三法に規定された監督規定をもって総合的
に判断するとしている。その 2 に、「その他の適当な方法」による振興とは、
① 日本私立学校振興・共済事業団法に基づく私立学校振興・共済事業団によ
る経営支援、② 寄付金や教育用土地・建物に対する税制優遇措置、③ 所轄庁
による経営改善支援や情報提供など、原則として公金支出を伴わない振興方策
を指す。なお、学校設置会社・学校設置非営利法人立の私学は、学校法による
監督には服しているが私学法や私学助成法の適用外であるため、「公の支配」
に属しているとは言えず、公金支出を伴わない振興策のみが行われている。こ
うした政策的対応については、教育をサービスと捉え競争を行う際の条件整備
の平等化を主張するイコール・フッティング論の立場からは疑義が呈されている。

　この他、私学教員の養成・免許制度は、「免許状主義」と「開放制の原則」
を重視する国公立学校教員のそれと同様だが、私学教員の雇用は、労働関係法
（労働基準法など）を根拠とする労働協約・就業規則・労働契約の締結により行
われることを原則としている。また、私立学校教職員共済法や日本私立学校振

興・共済事業団法等を根拠とする共済制度として相互扶助事業（給付事業や福祉事業）がある。

2 学校制度改革の展開と論点

1 学校制度の多様化の動向
──一貫教育の制度化の検討──

近年、学校段階が異なる教育機関の関係の在り方が改めて問われており、学校制度を多様化する改革動向が顕著となっている。

第1に、高校進学率の上昇に伴い、生徒の能力・適正、興味・関心、進路等も多様化したことを受けて、中等教育の多様化政策が推進されている。小・中学校は「義務教育として行われる普通教育」（学校法第21条）を施す教育機関と位置づけられているのに対して、高校は、中学校に続く学校として位置づけられ（学校法第50条）、「国民的な教育機関」として評されている。高校に置かれる課程は、教育の方法・時間により、① 全日制課程、② 定時制課程、③ 通信制課程の3つに大別でき（学校法第53条、第54条）、課程編成単位である学科は、① 普通教育を主とする「普通科」、② 専門教育を主とする「専門学科」（農業、工業、商業、水産、家庭、看護、情報、福祉、理数、体育、音楽、美術、外国語、国際関係、その他）、③ 普通教育及び専門教育を選択履修を旨として総合的に施す「総合学科」の3つに大別できる（高等学校設置基準第5条、第6条）。いずれの学科も普通教育と専門教育を併せて施すことが要請されているが、総合学科は、学習選択の幅の拡充を通じた個性を生かした主体的な学習や、将来の職業選択を視野に入れた自己の進路への自覚を深めさせる学習の展開が期待され、1994年に制度化されたものである。

この他、中高一貫教育の展開は、近年著しいものがある。中高一貫教育は、1997年の中教審答申「21世紀を展望した我が国の教育の在り方について（第二次答申）」を受けた学校法改正を経て、1999年度に制度化されたものであり、現在設置者の判断に応じて選択的に導入することが可能となっている。中高一貫教育には、大別して3つの制度形態が存在している。すなわち、① 新たな学校種として設けられた「中等教育学校」（学校法第63条）、② 同一の設置者が中学校と高等学校を設置して一貫教育を行う「併設型中学校・高等学校」（学校法第71条）、③ 設置者の異なる中学校と高等学校が教育課程編成や教員の人事交

流、生徒間交流等の面で連携して一貫教育を実施する「連携型中学校・高等学校」（学校法施規第75条）の３つである。このうち、中等教育学校全体を一つの学校種で行おうとする中等教育学校の修業年限は６年（学校法第65条）、教育課程は前期課程（３年）と後期課程（３年）に区分され（学校法第66条）、その編成・実施については、文部科学大臣の告示により、教育課程の基準の特例を定めることで６年間を通じた特色あるカリキュラムを編成することが可能となっている（学校法施規第109条）。なお、受験競争の低年齢化に対する懸念から、入学者選考において学力検査を実施することは容認されていない。中等教育の多様化政策が児童生徒の進学行動や教育制度全体にいかなる影響を与え得るのか、定点観測が必要である。

　第２に、中高一貫教育に留まらず、戦後約75年にわたり続いてきた学校体系（６・３・３・４制）それ自体の多様化を企図する改革論議が活発化している。例えば、首相直属機関の教育再生実行会議は、2014年７月に第５次提言「今後の学制等の在り方について」を発表し、社会環境の変化（グローバル化、少子高齢化等）や種々の教育課題（子どもの発達の早期化、自己肯定感の低さ、小１プロブレム、中１ギャップ）に鑑みて、幼児教育（３歳児から５歳児まで）の段階的無償化と義務教育の開始年齢の引き下げ（満５歳）、小中一貫教育学校（仮称）の制度化、学校種間連携（幼稚園等と小学校、小学校と中学校）や一貫教育の推進を提言した。

　特に、小中一貫教育をめぐっては、2005年発表の中教審答申「新しい時代の義務教育を創造する」で、９年制の「義務教育学校制度（仮称）」の検討の必要性が謳われ、これに呼応する形で一部の地方自治体（東京都品川区や広島県呉市など）からも義務教育学校の設置の法整備を求める声が相次いでいた。また、文科省も教育課程の改善に資する実証データを得ることを目的とした研究開発学校制度（学校法施規第55条）を活用し、現行の教育課程によらない教育課程の編成・実施を容認するなど、先導的取り組みに対する政策的支援を行ってきた。これに対して、これまで小中一貫校の設置は学校法施規第55条の２の規定によるものに限定されてきたが、2014年発表の中教審答申「子供の発達や学習者の意欲・能力等に応じた柔軟かつ効果的な教育システムの構築について」を受けて、制度設計論議が本格化し、2016年４月の学校法改正により小中一貫教育を行う学校制度である義務教育学校が制度化された。今後、人口減少に伴う学校設置の再検討の論議と相まって、カリキュラム区分の弾力化、教育実践の柔軟化（保幼小連携、小中連携など）、学校制度の弾力化（「４・３・２制」、「４・５制」、「５・

4制」など）が地方レベルで波及していく可能性がある。上記の学制改革に関する諸提言は、非常にラディカルであるものの、現行の学制が子どもの発達段階、能力・個性に柔軟に対応可能なものとなっているのか、統合（integration）と接続（articulation）をクロスさせた制度デザインの全体像を改めて問い直すものとしてとらえることも可能である。小中一貫教育の政策評価の観点としては、一貫した教科・生徒指導の展開や豊かな社会性や人間性の育成、多様な資質・能力の伸長を企図した系統的・継続的な学習の展開に対する期待の他、いじめ・不登校・暴力行為の推移、生活リズムの改善、学力の向上、教職員の仕事満足度など多様にある。他方で、財源確保や教員加配の方法、学校選択権容認の是非、転校時のカリキュラムの整合性の確保、児童生徒の人間関係の固定化への対応、教員の所属校種以外の現場に対する理解不足等の課題も提起されている。あらゆる子どもにとってすべての学校段階に唯一最良の共通教育の制度があるという the one best system はもはや神話となりつつあるという現実に真摯に向き合いながら、エビデンスに基づく政策論議を行っていくことが不可欠である。

2 公教育の民営化の動向
——公設民営型学校の制度化の検討——

　学校設置主体の多様化と関わる改革論議として、公教育の民営化の改革動向にも注目する必要がある。これについては、2003年の地方自治法改正により制度化された指定管理者制度の影響も受けて、総合規制改革会議の第二次答申（2002年）、「経済財政運営と構造改革に関する基本方針2003」（2003年）、規制改革・民間開放推進会議の「中間取りまとめ」（2004年）等でもたびたび提言されてきたが、これまで容認されてこなかった。

　これに対して、2013年12月の国家戦略特別区域法の制定を受けて、公立学校の管理運営の民間委託が本格的に検討され、国家戦略特区に指定された地方自治体が提案すれば「公設民営型学校」が特例で認められる運びとなった。現時点での対象は中高一貫校と高校であり、学習指導要領に準拠しつつ、柔軟なカリキュラム編成を軸とした特色ある教育実践（理数系や語学教育の重視、トップアスリートの育成、国際バカロレアの認定など）を展開していくことが謳われている。他方で、公立学校教員の身分は公務員であるのに対して、公設民営学校では、管理職へ外国人を登用することや教員の身分が民間人扱いとなることが想定さ

れている。学校法第 5 条には、「学校の設置者は、その設置する学校を管理し、法令に特別の定のある場合を除いては、その学校の経費を負担する」との規定があり、学校の設置者は学校管理と学校経費負担という 2 つの責任を有する。こうした原則を「設置者管理主義」「設置者負担主義」と呼ぶ。ここでいう学校の「管理」は、一般的に、① 人的管理（教職員の任免・服務監督その他の取扱い、研修等）、② 物的管理（施設設備・教材教具の購入・維持・修繕管理等）、③ 教育・運営管理（組織編制、入退学・出欠、教育課程、学習・生徒指導、教材の取扱い、保健安全、学校給食等）等を含むが、この種の「管理」を全面的に民間委託する場合、学校教育・経営の継続性、安定性、確実性、公共性の確保など、既存の法制度との整合性の確保の検討が不可欠となる。公設民営型学校は、過去に文科省の反対により制度化が見送られたものであるが、設置者管理主義という日本の教育法制の制度原理はいかなる論理によって変更を迫られることになるのか、今後の動向に注視する必要がある。

おわりに

　教育には、① 個人の基本的要求（自己実現・幸福）に寄り添いながら目的意識的な営みにより自己形成を促す側面と、② 社会の文化的要求（次世代を担う人材育成、伝統・慣習の継承）を汲み取りながら社会の存続・発展の基盤を下支えし社会の再生産に貢献していく側面があり、学校制度を設計する際はこの 2 つの観点のバランスを考慮する必要がある。また、教育政策の目的と手段は混同されやすく、手段の目的化が生じやすいため、制度設計においては、少なくとも、① 開放性（誰に対してもアクセス可能な制度であるか）、② 共通性・共同性（教育を共同的な営みと捉え、子どもの個別的具体的な要求を共通的な要請として受け止める制度であるか）、③ 多様性・複数性（人々の価値は多様かつ複数であるとの前提を共有し、公共圏における異質な存在を容認する制度であるか）という 3 つの基準を充足する改革案であるか、「誰のための、何のための教育改革か」を不断に問い続ける必要がある。

　┌─────┐
　│ 演習問題 │
　└─────┘
　1．日本の学校制度の歴史的展開を調べてみよう。
　2．現代日本の学校制度の特徴とその法的根拠を具体的な条文に基づいてまとめてみよう。

3．小中一貫教育、中高一貫教育のメリット・デメリットを考えてみよう。

注

1）以下の記述は、荒井英治郎「第8条（私立学校）」荒牧重人・小川正人・窪田眞二・西原博史編『新基本法コンメンタール教育関係法』日本評論社、2015年、461-467頁と重複する部分があることをあらかじめことわっておく。

2）設置認可の法的性格をめぐる学説としては、① 学校教育は本来国家が独占的に行うべきものだが、認可行為により例外的に私人等に行わせるとする「特許説」、② 教育事業は国民が自由に行い得るものであり、認可は学校設置に法的効果を付与するに過ぎないとする「認可説・許可説」の2つが存在していたが、現在では、設置認可は行政庁の自由裁量行為ではなく、設置基準を充足していれば与えられなければならない覊束行為と解され、学校設置基準は、覊束裁量行為の根拠となる「法の準則」として理解されている。

3）松坂浩史『逐条解説私立学校法』学校経理研究会、2010年、2頁。

4）結城忠『教育の自治・分権と学校法制』東信堂、2009年、294頁。

5）佐々木幸寿『改正教育基本法――制定過程と政府解釈の論点――』日本文教出版、2009年、177頁、樋口修資『教員・教職志望者のための教育法の基礎――教育政策の法制・組織・財務――』明星大学出版部、2010年、27頁。

6）教育基本法研究会編『逐条解説改正教育基本法』第一法規、2007年、120頁。

参 考 文 献

市川昭午『教育基本法改正論争史』教育開発研究所、2009年。

小川正人『教育改革のゆくえ――国から地方へ――』筑摩書房（ちくま新書）、2010年。

藤田英典『義務教育を問い直す』筑摩書房、2005年。

山内太郎編『学校制度（戦後日本の教育改革5）』東京大学出版会、1972年。

第5章　学校経営と法

はじめに

　学校経営という概念は、教育行政あるいは教育経営との関係において、「高度の相対的独自性・自律性を保障される[1]」ものとされてきた。つまり、学校経営とは、教育行政や全国的・地域的な教育経営から自立した領域としての、個別学校の校長他教職員らによる自治的な経営・管理活動を指すものだった。このような学校経営の在り方について法律・省令・条例のような実定法で規定することは望ましくないと考えられたこともあり、学校経営の在り方やルールについての多くは各学校で独自に慣習・慣行化し、関係者の法的確信に支えられて承認され、時には諸規程として成文化されていった（学校慣習法）。

　2000年前後からの学校経営改革により、こうした自治的・自律的な領域とされてきた学校経営の在り方について、実定法上で規定されること（「法化」[2]）が増えてきた。このような動向について、子どもの教育を受ける権利保障に不可欠な学校の教育自治の侵害であるとの批判も存在する。

　本章では、近年の学校経営をめぐる法の展開と現状を整理し、その問題点と展望について検討する。なお、断り書きのない限り学校段階については小学校に焦点を当てて論ずる。

1　学校経営改革の展開と論点

　近年の学校経営改革の端緒となったのが、1998年の中央教育審議会（以下、中教審）答申「今後の地方教育行政の在り方について」である。この答申は、「公立学校が地域の教育機関として、家庭や地域の要請に応じ、できる限り各学校の判断によって自主的・自律的に特色ある学校教育活動を展開できるように」との学校経営改革の方向を打ち出し、「教育委員会と学校の関係の見直しと学

校裁量権限の拡大」、「校長・教頭への適材の確保と教職員の資質向上」、「学校運営組織の見直し」、「学校の事務・業務の効率化」、「地域住民の学校運営への参画」という５つの改革の視点を示した。その後、上記５つの視点を踏まえた学校経営改革が展開されていく。

2　学校経営と教育基本法

　旧教育基本法には学校経営という文言は登場しないものの、かねてより教育法学においては、(旧) 第10条１項で規定されている「教育は、不当な支配に服することなく、国民全体に対し直接に責任を負って行われるべきものである」の解釈により、自律的な学校経営や学校の教育自治の必要性を認めてきた。すなわち、この規定はまず教育と教育行政とを分離し、児童生徒の教育を受ける権利を充足するために直接責任を負う教師が、教育行政機関も含むあらゆる主体による教育内容への権力的介入を受けずに個々の教育の自由を行使しうることと解釈される(教師の教育の自由)。そして、① 教育課程編成、② 校務分掌決定、③ 児童の身分取扱い等の学校教育措置、④ 児童への懲戒処分権の行使等の一部の教師の教育の自由に委ねられない全校的教育事項は、主に職員会議を通じた教師集団の自治的決定に委ねるべきこと（学校の教育自治）と理解されてきた。[3] (旧) 第10条１項後段部分の直接責任に関わる文言は改正により削除されたものの、前段部分は残されており（第16条１項）、改正後も教育基本法に学校の教育自治の原理が貫かれていると解釈することは可能である。[4]

　また、新教育基本法には、学校経営に関わる２つの規定が付け加えられている。その第１は、第６条２項の「体系的な教育が組織的に行われなければならない」である。この教育活動の体系性とその実施の組織性についての規定は、教師個々人の専門的力量に依存するのではなく、学校組織として教育内容を体系的に組み立て、教育活動を担っていく意図をもつものといえる。第２の新しい規定は、「学校、家庭及び地域住民等の相互の連携協力」を謳った第13条である。これは、親権の規定（民法第818条）を除き、国内の学校法制上明文化されていなかった親の学校教育に関する権利を初めて根拠づけうるものであり、[5] 後に述べるような親や地域住民の学校参加制度を促進する意図をもつものといえる。他方で、これらの新しい規定は親や教師の教育に関する権利性を明言するものではなく、「様々な教育主体に対して、改めて〔教育基本〕法案２条に

定めた一連の目標に拘束された活動を義務づける[6]」ものとの批判もある。

　この2つの新しい条文を具体化する関係法規について以下では見ていこう。

③　学校経営と学校教育法等関係法規

1　学校への権限委譲と校長のリーダーシップ確立

　教育基本法上に、一応の自治的な要素が残されたとはいえ、近年の学校経営改革が「学校の自主性・自律性の確立」(1998年中教審答申)を徹底するものになっているかについては疑問が残る。むしろ、関係法規において「法化」された学校経営に関する諸規定は、教職員集団の自律的な判断と裁量の拡大、親や地域住民の自治主体としての学校参加を限定しうるようにも思われる。

　1998年の中教審答申以来目指されている学校の裁量権限拡大に関わっては、これまでの学力観を見直す「生きる力」の提唱(中教審「21世紀を展望した我が国の教育の在り方について」(第一次答申)1996年)も相まって、教育課程編成や教育内容に関していくつかの制度改編が見られる。例えば、「各学校が地域や学校，児童の実態等に応じ，横断的・総合的な学習など創意工夫を生かした教育活動」を行うことのできる「総合的な学習の時間」が創設され(1998年改訂の学習指導要領)、2002年に「学習指導要領は最低基準」(文部科学省(以下、文科省)「確かな学力の向上のための2002アピール『学びのすすめ』」)とされた。教員人事に関しては、学校運営協議会による意見表明(地方教育行政の組織及び運営に関する法律(以下、地方教育行政法)47条の5、5項)が規定されたこと等がある。その他、学校裁量予算枠の設置等、地方レベルでも一部の学校への権限委譲が進んでいる。しかし、総合的な学習の時間の年間の授業時数は、第3・4学年は105時間、第5・6学年は110時間だったところ、2008年度には一律70時間に減らされ2017年度改訂でも維持される等、学校への裁量拡大・権限委譲の動きは順調に進展してきたわけではない。

　この「学校の自主性・自律性の確立」という命題は、一般教職員への権限委譲よりもむしろ、校長のリーダーシップを確立する方策により追求されているといえる。まず、1998年の中教審答申を受け、2000年の学校教育法施行規則(以下、学校規)改正により、校長の資格要件が緩和され、教員免許状や教育に関する職の経験をもたない校長(民間人校長)を配置することが可能となった(第22条)。2006年には同様に民間人教頭も規定された(第23条)。

　加えて、2007年に学校教育法（以下、学校法）第37条２項に副校長、主幹教諭、指導教諭が追加され、校長を支える新たな職が設置された。特に副校長や主幹教諭の職務については、「校長を助け」「命を受けて」という文言があるが（学校法第37条５項、同６項）、校長の「命を受けて」職務を遂行する職はこれまでなかった。そもそも、校長の下には教頭（1974年、学校法第37条１項）、教務主任および学年主任（1976年、学校規第44条１項）があったが、現在は、副校長が配置されている場合は教頭を（学校法第37条３項）、主幹教諭や指導教諭が配置されている場合は各主任を（学校規第44条２項）、置かなくてもよいということになった。以上のように、校長を頂点とする学校組織の階層化と指揮命令関係の確立が実定法上で進行している。

　さらに、2000年、職員会議が「校長の職務の円滑な執行に資するため」校長の「主宰」により設置されることとされ（学校規第48条）、職員会議は議決機関か、それとも校長の諮問／補助機関かという論点をめぐる長い論争に法的な決着がつけられた。職員会議の議決機関性は否定され、校長の意思決定を助けるため教職員の意見を聴取し、校長の決定事項を伝達する場とされたのである。しかしその後も、「本来、校長の責任で決定する事項を不当に制約するような運営や議決により校長の意思決定権を拘束する」事例が頻発したとして、東京都では「学校経営の適正化について（通知）」（2006年、17教学高第2336号）が発出され、職員会議において教職員による「挙手」、「採決」を行うことが禁止された。2014年４月に入り、ある大阪市立中学校において教務主任等の校内人事を決定する際に教員間で選挙を行っていたことや、学級担任についても教員で組織する委員会が配置案を作成していたこと等が新聞報道され、問題視された（2014年４月９日付読売新聞、産経新聞）。このため、大阪市教育委員会（以下教育委員会については、教委）や大阪府教委等が実態調査に乗り出し、類似の慣習が広く行われていたことが明らかになった。これを受け、同年６月、文科省は「校内人事の決定及び職員会議に係る学校内の規定等の状況について（通知）」（26文科初第424号）を発出し、「校長以外の職員を議長とし、当該議長が職員会議を主宰」することや校長の決定権限を制約する「挙手や投票等」をすることを禁止し、校内人事に関しても同様に校長の権限を制約する校内組織の設置や挙手・投票の禁止を指導した。同年７月には、大阪市教委が市立学校管理規則を改正し、文科省通知の指導内容に加えて、職員会議に関する規程の廃止（第７条の２第５項）、校内人事に関する規程の廃止（第８条の13第３項）を明記した（**表５-１**参照）。

表 5 - 1　職員会議に関する法規定の変化

	2000年 学校則	2006年 東京都通知	2014年 文科省通知	2014年 大阪市規則
校長主宰	○	○	○	○
挙手・投票禁止	—	○	○	○
校長から独立の議長禁止	—	○	○	○
規程の廃止	—	—	—	○

出典：筆者作成。

　注目すべきは、これらの大阪市立学校管理規則や文科省通知は校内人事に端を発した措置のはずが、職員会議での挙手・投票までも禁止し、大阪市ではそれらに関する校内規程を廃止するとされていることである。これらは2000年の学校規改正からさらに進んで、校内人事や学校教育方針の決定等について職員会議や校内委員会をいかに活用し、教職員からの意向をどの程度把握するかという校長の裁量に属する事項をも制約しうるものである[7]。

　このように、校長のリーダーシップ確立のための各方策が、実質的に校長の裁量と教師の教育の自由を保障し、真に子どもたちの教育を受ける権利を保障するための教育活動を実現するものとなっているか注視する必要がある。

2　保護者・地域住民の学校経営への意思の反映

　近年、学校経営における保護者、地域住民の関わりが重視されてきている。1つの方策として、学校で行われる教育活動の実態やそれによる成果について、保護者、地域住民に対する説明責任（アカウンタビリティ）を果たしていくための学校評価の進展が挙げられる。学校評価は、1998年の中教審答申において提起され、2002年の小学校設置基準の制定により、学校の自己点検・自己評価の実施が努力義務化された（第3条（当時）。現在削除）。その後、文科省がガイドラインの策定（2006年）と改訂（2008年、2010年、2016年）を行うとともに、2007年、学校法が改正され（第42、43条）、学校自己評価の実施とその結果の公表が義務化、保護者らによる学校関係者評価の実施とその結果の公表が努力義務化された（学校規第66、67条）。学校自己評価の結果を踏まえた学校関係者評価が真に保護者らの教育要求を満たすものとなるかについて疑問はあるが、アンケート実施により保護者らの意向を聴取する機会が得られたこと、評価結果の

公表や学校関係者評価の実施により学校側からの情報提供が促進されたことは、保護者や地域住民らにとって、学校経営に主体的に参加していく素地を提供するものともいえよう[8]。

　もう１つの方策として、保護者や地域住民の学校参加を促進する方策が挙げられる。具体的には、学校評議員制度や学校運営協議会制度である。前者については、1998年の中教審答申により具体的に提起され、2000年に各校に設置できることとなった（学校規第49条）。しかし、この学校評議員は校長に人選が任され、校長の求めに応じて意見を述べるにすぎなく、自発的な意見表明や保護者らの意見を取りまとめて学校や教委に要求する等の具体的な権限をもつものではないとの批判もある。

　その後、より積極的な保護者らの権限を認める制度として、2004年に学校運営協議会制度が開始した（地方教育行政法第47条の５）。教委の指定した学校に置かれた学校運営協議会は、その学校の教育課程や基本的方針について承認し、学校の運営に意見を述べ、教職員の任用に関して設置者に意見表明を行う権限を有する。こうした点で、学校評議員よりも積極的で具体的な権限を有するが、実際にはこのような権限を行使している割合は高くなく、学校支援機能を担う「学校応援団」としての働きを果たしているとの指摘もある[9]。2017年には、学校運営協議会の意見提言機能を残しつつも、学校支援機能を重視する方向で、協議会の設置を地方自治体の努力義務とする法改正がなされた。これにより、特に高等学校や特別支援学校を中心に学校運営協議会の設置数は急増し、2021年５月時点では全国で学校運営協議会を設置している校数は、１万1856校に上る。

　これらの制度はどれも保護者や地域住民の学校参加を目的とするものであるが、参加する人が一部にとどまること、保護者全体の教育要求の反映を担保するものではないこと等が指摘されている。制度の枠にとらわれるのではなく、学校評価や参加の取組の中で多様な教育当事者の学校教育に関わる権利がいかに実体化され、子どもの教育を受ける権利充足に活かされているかが問われる。

3　保護者・地域住民による学校支援活動の拡大

　この他に、学校支援機能を有する諸種の活動が近年拡大している。その端緒は、2008年より文科省が推進を図ってきた学校支援地域本部と放課後子供教室だろう。前者は、中学校区単位で本部を置き、本部において地域住民などから学校支援ボランティアを募り、コーディネーターが学校の要望とボランティア

の都合とを調整していく役割を担うものである。これにより、学校内で、学習・部活動支援や学校環境整備、登下校の見守りなどで活躍する学校支援ボランティアが多く見受けられる。学校支援地域本部を設置している市町村の割合は55％に上っている（2018年度文科省調査）。後者は、放課後や土日の学校外の時間を主として、学校の校舎や敷地を利用し、地域住民などを講師として学習（国語・算数・英語、読み聞かせ）・体験活動（工作・実験、料理、スポーツ、文化）・交流活動（昔遊び、地域行事）などの教室を開く事業である。現在約１万9471か所で実施されている（2021年文科省調査）。

　この２つの事業は、長らく文科省の補助事業として行われてきたが、2017年には社会教育法が改正され、これらを含む学校支援機能が「地域学校協働活動」として規定された（第５条13～15号）。加えて、教育委員会は地域学校協働活動推進員を委嘱することが明記され（第９条の７）、放課後子ども教室や厚生労働省が実施してきた放課後児童クラブは小学校内の余裕教室を利用することなど、学校と一体となった地域学校協働活動が推進されている（文科省「新・放課後子ども総合プラン」2018年９月14日）。

　これらの制度は学校支援を意義とし、地域の活性化につながるメリットもありうるが、学校関係者として当然視してはならない。本来ならば行政が給与を負担して教職員で行うべきことを、ほぼ無償で保護者や地域住民にやってもらっている面もあるからだ。加えて、学校運営協議会のように、子どもを育てる当事者としての意思を学校に反映させる仕組みができたにもかかわらず、こうした地域ぐるみの動員体制の強化は、保護者や地域住民を学校の責任を分担して遂行する立場までに格下げするものになりかねない。

おわりに

　各学校の独自の諸規程・申し合わせ等（学校慣習法）で運用されてきた学校経営分野において、近年「法化」現象が進んでいる。これにより、自律的な学校経営が促進され、各校の教育の質保証がなされ教育の機会均等が確保されているとされる。他方で、子どもと直接的な関係をとり結ぶ教職員や校長の自律的な判断が担保されうるか、保護者や地域住民が率直に教育要求を発し学校経営に主体的に参加できているか、その逆に学校責任を分担してくれる都合のよい働き手に保護者や地域住民を貶めていないか、それらはすべて子どもの教育を

受ける権利保障につながっているかという点からも検討される必要がある。その際には、実定法の枠に収まらない既存の良き学校経営実践や慣習の意義をいかに認めていくかが重要であろう。[12)]

| 演習問題 |

1．近年の学校経営改革の流れを論点ごとにまとめてみよう。
2．教職員の意見が反映される意思決定の方法について考えてみよう。
3．保護者や地域住民の学校参加は各校でどのように実現されているか調べてみよう。

注

1）高野桂一『学校経営の科学 第1巻 基礎理論』明治図書、1980年、49頁。

2）篠原清昭「教育委員会と学校との関係改善」日本教育法学会編『講座現代教育法3』三省堂、2001年、142頁。

3）兼子仁『教育法〔新版〕』有斐閣、1978年、415-460頁。

4）村元宏行「教育委員会・校長と職員会議」日本教育法学会編『教育法の現代的争点』法律文化社、2014年、134頁。

5）結城忠『教育の自治・分権と学校法制』東信堂、2009年、239-240頁。

6）日本教育法学会教育基本法研究特別委員会編『教育の国家統制法』母と子社、2006年、131頁。〔〕内引用者追記。

7）改革前までは、実際に、校長は各校の独自の仕組みを活用して校内人事権を行使していたとみられる。大阪府教委において、「校内委員会があることで校長の権限の支障になっているかというヒアリングをしたが、それはゼロであった。」との府教育センター長の発言がある（2014年4月18日大阪府教委会議録）。

8）他方で、学校評価については、評価の形骸化、学校改善への実効性の不足、ガイドライン等による地方制度の一定の方向付けの問題が指摘されている。例えば、窪田眞二「義務教育諸学校の評価制度構築上の課題」日本教育制度学会編『現代教育制度改革への提言 上巻』東信堂、2013年、120-124頁。

9）佐藤晴雄『コミュニティ・スクールの評価と展望』ミネルヴァ書房、2017年、228頁。

10）仲田康一『コミュニティ・スクールのポリティクス』勁草書房、2015年、106頁。

11）中教審答申「新しい時代の教育に向けた持続可能な学校指導・運営体制の構築のための学校における働き方改革に関する総合的な方策について」（2019年1月25日）は、現在教師が担っている業務から「基本的には学校以外が担うべき業務」「学校の業務だが、必ずしも教師が担う必要のない業務」「教師の業務だが、負担軽減が可能な業務」の三種類を列挙した。これも学校慣習法の「法化」現象のようなもので、本来は、教師以外がそれらの業務を担うことのできる条件整備が整えられた上で、その学校の事情や子ど

　もたちにとっての必要性を考慮して教師自身が判断していくことだ。

12）笠井尚「学校経営と教育法」小島弘道監修『講座現代学校教育の高度化　4　現代の教
　　育法制』学文社、2010年、86頁。

参 考 文 献

小島弘道編『時代の転換と学校経営改革 学校のガバナンスとマネジメント』学文社、
　　2007年。

高野桂一編『学校経営のための法社会学 学校現場の「生ける法」を見直す』ぎょうせい、
　　1993年。

中留武昭『自律的な学校経営の形成と展開 臨教審以降の学校経営の軌跡と課題』全3巻、
　　教育開発研究所、2010年。

コラム2

▶学校安全への対応を考える

学校事故の現状とその責任

　学校事故とは、学校の教育活動または学校の施設・設備の使用に伴って発生した事故や災害により、児童生徒等に傷害・死亡等の被害を生じるものと定義される。学校事故の発生の状況は、日本スポーツ振興センターの統計資料（2022年）によると、保育園・幼稚園では保育中（99.2%・97.9%）、小学校では休憩時間（47.4%）、中学校・高等学校では課外指導の体育的部活動（44.1%・56.9%）において多いことが明らかになっている。また、この学校事故によって失明、麻痺など後遺症を伴う重症な事案や死亡に至る事案は2017〜2021年度の5年間で合計2151件にのぼる。

　近年では、これらの重大な学校事故に対して法的責任（特に民事責任）を問う機会は増加する傾向にある。学校には安全配慮義務があり、学校の安全管理については教員の教育活動がそれを負うと判示されている（最高裁昭和62年2月6日）。そのため、学校事故に関わる安全管理の責任は、原則、学校および教員にあると考えられる。この安全配慮義務は、学校事故の責任追及において重要な意味をもつ。それは、学校・教員が法的責任を追及される際、安全配慮義務に対する過失の有無が主な焦点になるからである。通常、安全配慮義務の内容は、事故等の損害を発生させる危険事象の発生を予想する予見可能性と、予見した危険事象に対して発生を回避する回避可能性の2つに集約される。そのため、各学校では、学校保健安全法をもとに安全管理のマニュアルを策定し、学校事故の予見と回避に対して万全な体制の構築を図ってきた。また、策定後には各教育委員会の点検を受け修正を加えるなど、学校事故の減少に向けた安全対策は強化されていると言える。ただし、マニュアルに沿って実際の安全管理が行われているか否かの判断は、各学校の教員の裁量に委ねられており、実態を把握しその有用性について検証を重ねることが必要であると考える。

　学校・教員の児童生徒等に対する安全配慮義務の範囲は、学校における教育活動およびこれと密接不離な生活関係に限られ、基本的には、授業や学校行事などの教育活動中、休憩時間・放課後・部活動中に対して義務を負うとされる。しかしながら、その対象となる幼児から学生までの発育発達の段階は様々であり、当然、教員の安全配慮は年齢や発達状況により多様に対応しなければならない。特に、対象者が幼児となると教員には家庭の保護者と同様の配慮が必要であろう。このような状況で事故が発生すると、学校・教員には安全配慮義務の違反が問わ

れることとなる。そして、民事裁判にてその違反が認められる場合に、学校・教員は民事上（民法第709条　不法行為と民法第415条　債務不履行）の損害賠償責任を負い、金銭の支払いによって損害を賠償する責任を課されることとなる。

児童生徒等の責任能力の有無に関して

　学校事故を引き起こす原因は、教員の監督不注意や、施設の不具合だけとは限らない。時には、児童生徒等のいたずら、ふざけ行為が誘因となって発生することも少なくはない。故意または過失のある行為によって他人に損害を与えた場合、それは不法行為とされる。では、児童生徒等に不法行為が認められる場合、その損害賠償責任はどうなるのか。民法第712条の規定によると、未成年者で物事の正しい判断能力を有していない場合には、責任能力が無いとみなされて責任無能力者となり、その損害賠償責任を負わなくてよいという免責が認められる。一般的に、民法においてこの免責が認められる年齢は12―13歳までが目安とされる。ただし、一定の年齢によって責任能力の有無を判断することに対しては、心身の発達状況、家庭教育等の影響を議論する余地がある。このことは、過去の判例においても明確な境界として示されているわけではない。過去には11歳に責任能力を認めた事例や、13歳での責任能力を否定する事例もある。したがって、不法行為の責任は、判断能力が未熟とされる園児や小学校低学年児童を除き、加害行為の内容など事案の本質を明らかにした上で責任能力の有無について結論を求めることが妥当である。

　では、加害者側の責任能力が認められる場合とそうでない場合には、その後にどのような違いがあるのだろうか。もし仮に責任能力が認められた場合には、民法にしたがって当該の児童生徒等が損害賠償責任を負うことになる。しかし、現実的には、児童生徒等に賠償金の支払い能力はなく、実際には保護者が代わって支払うことが一般的となる。この一方で、責任能力が認められなかった場合の損害賠償責任については、法定監督義務者（民法第714条１項）と、法定監督義務者の代理監督者（民法第714条２項）が負うことが規定されている。この法定監督義務者とは、基本的には子の監護及び教育の義務を負う加害者の父母を指し、代理監督者とは、父母に代わって未成年者を監督する義務を負う教員を指す。つまり、加害行為を行った児童生徒等の父母とその場を監督する立場にある教員が賠償責任を負うことになるのである。両者は、共に責任無能力者に代わって損害賠償責任を負う不真正連帯債務の関係にあるとされる。ただし、学校事故が発生する原因は様々であり、一律に解決することができないため、その責任分配に明確

な基準があるわけではない。しかし、いずれにせよ教員にとっては、児童生徒等への安全配慮義務と合わせて加害者の代理監督者としての監督義務を負うことに変わりはない。これらの義務は職務上の重責として、教員には一層の自覚が求められる。

被害者の救済制度

　ここまで、学校事故の損害賠償責任について学校や教員の安全配慮義務や監督責任に焦点を当ててきたが、そもそも故意または過失に対する責任の追及や損害賠償の請求の目的は、事故によって損害を受けた被害者を救済することにある。そのための救済制度はいくつか存在するが、特に民事裁判を介した制度では、法律のもと学校事故の事実に対する裁判官の客観的な評価にしたがって加害責任の有無や損害賠償額の算定が判断される。しかし、裁判手続きは被害者側が加害者側の過失（有責性）についての立証責任を負う過失責任主義を根底としている。そのため、学校事故が起こった状況を調査するため弁護士へ依頼するなど被害者側に負担があることも事実である。また、加害者側の控訴申立による裁判期間の長期化や、訴訟費用の捻出など、一般的にはあまり知られていない民事裁判の実態は、被害者側に不利益を及ぼす可能性もある。仮に加害者側に高額な賠償請求が決定した後には、賠償能力の有無の問題も考えられる。

　学校事故の損害賠償を教員に求める場合は、教員の所属先が国公立学校と私立学校とでは、その責任の問われ方に明確な違いがあることをご存知だろうか。特に国公立学校においては、訴訟において教員の安全配慮義務に違反が認められても、国家賠償法第1条1項の公権力の行使を根拠に教員が損害賠償責任を直接負うことはないとされる。一方、私立学校においては、教員が損害賠償責任を負う可能性があり、公教育の一翼を担っている点では国公立の学校とかわりないとされながらも（教基法第6条1項）、両者の立場は大きく異なる。ただし、国家賠償法第1条2項では、国公立学校の教員に対しても故意や重大な過失が認められる場合には、賠償を求めることができる求償権を規定している。しかし、現実に求償権を行使するのは相当悪質な場合に限られ、教員に損害賠償を問われる機会はほとんどない。

　この実質的に私立学校教員のみが損害賠償責任を負う法律の仕組みは、公教育に携わる教員間の公平性を欠くだけに留まらず、被害者救済の損害賠償の補償にまで波及する可能性がある。現行では、国公立学校の教員は、国または公共団体が代わって損害賠償を負うため、その賠償能力は担保されている。しかし、私立

学校の教員の場合にはその後の様子が異なる。たとえ個人での賠償が決定されても、教員に賠償能力が無い場合、被害者の救済が充分に補償されない可能性を否定できない。これでは実質的な損害賠償請求が成立できないため、被害者の救済の制度として大きな問題であることを指摘できる。

　近年では、教職員を対象とした学校事故に係る損害賠償費用等を補償する賠償責任保険が注目される。これは任意保険ではあるが、賠償請求を受ける教員の救済とともに賠償金を受け取る被害者も救済できる点に長所がある。このような保険制度によって、被害者の心理的、物理的負担を減らすことができるならば、教員は積極的に加入すべきだと考える。

　教員が学校事故について法的責任を問われる場面は、今後もさらに増加することが見込まれる。このことを背景に文部科学省は、2018年度から学校が弁護士と連携して法律の視点から問題解決を導くスクールロイヤー制度の導入を進めている。児童生徒等の教育に携わる教員は、安全管理の法的責任に対する理解がより必要となる。

引 用・参 考 文 献

日本スポーツ振興センター「学校の管理下の災害」2022年12月、https://www.
　　jpnsport.go.jp/anzen/Portals/０/anzen/anzen_school/R３_gakko_
　　kanrika_saigai/R３saigai_06.pdf（2023年１月18日最終確認）。

日本スポーツ振興センター「災害共済給付の給付状況等について」https://www.
　　jpnsport.go.jp/anzen/anzen_school/toukei/tabid/80/Default.aspx（2023
　　年１月18日最終確認）。

コラム3

▶「学校と地域との連携」のめざすもの

はじめに

学校と地域の連携を推進するための方策について研究を進めている宮地孝宜は、学校と地域との連携は、子どもや学校を取り巻く様々な教育問題を克服し、さらには地域社会の活性化を目指す上で必要との考え方を示している。

2015年12月21日には中央教育審議会答申「新しい時代の教育や地方創生の実現に向けた学校と地域の連携・協働の在り方と今後の推進方策について」（中教審186号）が発表され、未来を創り出す子どもたちの成長のために、学校だけでなく保護者や地域住民一人ひとりが教育の当事者であることを自覚し、社会総掛かりで教育の実現を目指すこと、さらにはこうした取り組みを通して、新たな地域社会と生涯学習社会の実現を果たしていくことがその内容に示されているところである。

以上、本コラムでは答申で示される学校と地域の連携・協働の目指すものについて紹介し、連携・協働に関する課題について考えてみたい。

学校と地域の連携・協働の必要性とその連携が目指す姿

前出の答申ではこれからの時代を子どもにとって「厳しい挑戦の時代」と位置付けている。こうした見方は日本社会における生産年齢人口の減少をはじめ、グローバル化や技術革新の進展によって、これからの社会や職業の在り方が大きく変化する可能性からである。2015年9月に開催された中教審「初等中等教育分科会（第100回）の資料を確認すると、子どもたちの65%は将来、今は存在していない職業に就くという予測や今後10年〜20年程度で、半数近くの仕事が自動化される可能性が高いという予測が紹介されている。あわせて2045年には人工知能が人間より賢い知能を生み出す転換期を意味する「シンギュラリティ」に到達する可能性にも触れられている。こうした指摘はまさに答申が指摘している「厳しい挑戦の時代」ということを象徴するものであり、子どもたちが厳しい挑戦の時代を生き抜く力を育む上で「学校と地域との連携」を強めていく教育は今後ますます重要になるだろう。

実際に答申でも、これからの厳しい時代を子どもたちが生き抜くためには、他者と協働し未来を創りだす力や課題解決力が必要となることに言及しており、こうした力は学校と地域が連携することにより子どもにとっての多様な教育機会が創出され、育まれるという考えが示されている。例えば、地域の多様な人々と

の関わりを通し経験できる教育活動の具体的一例には、郷土学習のケースが紹介されているが、そこでは地域住民と学校とが相互に知識と経験、物や施設を提供し合って目的を共有しながら教育活動が展開されることで、それまで学校だけで展開することが難しかった子どもたちへの多様な教育経験の広がりに期待が寄せられている。その一方で、こうした取り組みは地域住民側にとってもメリットを生み出すことになる。そのメリットとは地域住民の生涯学習の機会を通して形成される地域力の強化である。実際に郷土学習の過程では郷土の歴史や人物等を採り上げられ、地域教材を活用することで自分たちが住む地元郷土愛や誇りを強め、また地域の人間関係のつながりが強まる。そしてそれが結果的に地域課題を解決するために必要な地域力の形成にもつながっていくのである。

　今回の答申ではまさに学校という場を核とした連携・協働の取組によって子どもに行う質の高い教育と多様な地域課題に対応する地域力を備える地域づくりを目指すところにひとつの特徴があるといえよう。

　なお、答申では、学校と地域の目指すべき連携・協働の姿として以下、3点が提示されているので紹介しておく。

これからの学校と地域の連携・協働の姿

① 地域住民等と目標やビジョンを共有し，地域と一体となって子供たちを育む「地域とともにある学校」への転換

② 地域の様々な機関や団体等がネットワーク化を図りながら，学校，家庭及び地域が相互に協力し，地域全体で学びを展開していく「子供も大人も学び合い育ち合う教育体制」の構築

③ 学校を核とした協働の取組を通じて，地域の将来を担う人材を育成し，自立した地域社会の基盤の構築を図る「学校を核とした地域づくり」の推進

　文部科学省生涯学習政策局、初等中等教育局が公表する『地域と学校の連携・協働の推進に向けた参考事例集』では、学校と地域の目指す連携・協働の姿を目指す取り組みがいくつか取り上げられており、以下、その中から代表的な事例を紹介しておきたい。

「地域と学校が互いに支え合い高め合う、ボランティア活動」[1]
──宮崎県都城市山田中学校地域本部の取り組み──

1）取り組み前の生徒の教育課題

山田中学校では、素直な生徒が多いが集団の中で主体的に判断し、積極的に物

事に取り組む生徒は決して多いとはいえず、生徒個々人の自尊感情を高め、自己の存在感や集団への所属感を実感できるとともに、コミュニケーション能力を育成することが課題とされてきた。

　2）取り組みの内容

　学校からの要望で地域に「学校支援ボランティア」が組織され、生徒が学校行事やお祭りなどの地域行事に積極的な参加が促進されるよう学校と地域間でのボランティア情報が共有される体制が整備された。また地元社会福祉協議会との連携を強めることにより、高齢者福祉施設をはじめとする福祉施設訪問や職場体験学習等が活性化されるよう強化が図られた。さらには、多様な人と関わることで、生徒の視野を広げることをねらいとして学校支援地域本部が組織化され、その中の地域コーディネーター部が教師からその授業（活動）に対するねらいや目的、内容、時間配分等の要望を聞き、ゲストティーチャーとしてふさわしい地域人材を紹介していくことで、ゲストティーチャーによる授業も積極的に展開される仕組みづくりが行われた。

　この中学校では、こうした一連の地道な取り組みによって徐々に生徒のボランティアや地域貢献への意識が高まり、地域行事やボランティアへの参加希望が増えているということである。当初、学校側が教育課題に設定していた生徒たちの自己の存在感や集団への所属感の実感、多様な世代と関わることでコミュニケーション能力の育成につながっている事例といえる。

　今後、学校側はボランティアの会の方がこれまで以上に教育活動に参加を強めてもらうことで、地域の方々の生き甲斐づくりや学びの場につながること、そして地域の活性化に期待を寄せているところである。

　学校と地域の連携・協働における課題

　では、学校と地域の連携・協働における課題とはどういったことが考えられるだろうか。円滑な連携・協働の実現の鍵となるのが、地域住民や学校と連絡調整をおこなうコーディネーターの存在である。そして、このコーディネーターのコーディネート力をいかに高められるのかという点が大きな課題として考えられる。答申ではコーディネーター役として「地域コーディネーター」や「統括的なコーディネーター」を挙げているが、効果的なコーディネート活動が進められるための具体的方策までは答申で確認することはできない。答申の内容はコーディネーターを担うために要求される資質や役割の提示にとどまっているのが現状であり、地域学校協働活動の促進に効果を上げている先進事例を収集、参考

にしながら、各自治体はコーディネーターの配置を進めている状況である。な
お、先進事例については前出の『地域と学校の連携・協働の推進に向けた参考事
例集』の中で地域学校協働活動に関する事例が紹介されており、東日本大震災津
波により甚大な被害を受けた岩手県大槌町の復興・防災を基盤とした「生きる力」
「ふるさと創生」の教育推進を通したふるさとの将来を担う人材の育成を目指し
た事例をはじめ、東京都や愛知県、岐阜県、滋賀県、大阪府、奈良県、愛媛県、
宮崎県のあわせて13の先進事例が紹介されているとともに、コーディネーターの
役割についてもそれで確認することができる。

　しかしながら、これから地域学校協働活動に取り組む自治体のコーディネー
ターのコーディネート力を上げるという課題については、単にそれらの先進事例
を参考にするだけでは不十分であるといえよう。

　こうした状況を踏まえ、社会福祉の分野に目線を移してみると2000年代に突入
したあたりから、地域住民のネットワークを構築しながら地域の福祉課題の解決
を目指すコーディネーター（コミュニティソーシャルワーカー）が高いコーディネー
ト力を発揮しながら各地域で活躍し始めている。こうした高い力を習得しいてい
る背景には地域ネットワーク構築のためのコーディネートのあり方を探る研究
及び研修が進んできている実態が窺える。高いコーディネート力を発揮しながら
効果的な連携・協働活動に取り組むにはコーディネーターとしての一定の経験値
が必要になると指摘する研究もあり、最近ではネットワークアドバイザー（ネッ
トワークづくりに知識や経験を有する専門家）を活用した連携・協働活動に取り組
む地域やネットワークアドバイザーの協力を得た研修活動を展開することに
よって高いコーディネート力を養成しようとする地域も見受けられる。教育分野
にとどまらず、こうした社会福祉分野の取り組みまで視野を広げてみると、コー
ディネート力を高めていく方策へのヒントが隠されている可能性があるのでは
ないだろうか。

注

　1）参照、『地域と学校の連携・協働の推進に向けた参考事例集』，31-32頁。

第6章

教育課程と法

はじめに

　教育課程とは法令上どのように定義されているか。「学校において編成する教育課程は、学校教育の目的や目標を達成するために、教育の内容を児童の心身の発達に応じ、授業時数との関連において総合的に組織した各学校の教育計画である。」と文部科学省はその著作物の上で述べている。本章では、教育課程と法令のかかわりについて論ずることとする。

1　教育目的・目標と法

　上記にもあるように、教育課程は教育目標の実現をめざして計画するものである。教育目標に関して法令などはどのように規定をおいているのであろうか。

　日本では教育目的としては、「人格の完成を目指」すこと（教育基本法第1条）であることが法定されている。旧教育基本法の時代であるが判例では、中学校の校則の役割は「教科の学習に関するものだけでなく、生徒の服装等いわば生徒のしつけに関するものも含まれる。」（熊本地裁、昭和60年11月13日、判例時報1174号48頁）と判示したケース、高校での任意参加のクラブ活動中の事故を県の国家賠償責任を認めた（東京高裁、昭和52年4月27日、判例タイムズ357号253頁）ケースにおいて教育基本法第1条は引用されている。日本では、学校の教員の指導の範囲内は、教科指導だけでなく生活指導、人間形成などを含めてという捉え方がされる。

　教育目標は教育基本法第2条によって2006年の改正より5項目にわたって規定されている。それ以外に、教育基本法が示す条項で教育課程に関連の深いものと言えば、義務教育の目的（第5条第2項、「自立的に生きる基礎を培い、また、国家および社会の形成者として必要とされる基本的な資質を養う」）、学校教育の基本的役

割（第 6 条第 2 項、「学校生活を営む上で必要な規律を重んずるとともに、自ら進んで学習に取り組む意欲を高めることを重視」）がある。

　学校教育法は学校段階別に教育目的（幼稚園第22条、小学校第29条、中学校第45条、高校第50条）、教育目標を定めている（義務教育第21条、幼稚園第23条、小学校第30条、中学校第46条、高校第51条）。

　さらに学校教育法は、「教育課程に関する事項は…文部科学大臣が定める」（第33条、第48条、第52条、幼稚園に関しては第25条）と定めている。同法にもとづき、学校教育施行規則により、教育・保育内容の基準として学習指導要領・幼稚園教育要領が公示されることとなっている（学校教育法施行規則第38条、第52条、第74条、第84条）。同省令には教科・科目名や授業時数の規定もおかれている。

2　国と教育課程基準

　既に述べたように、教科名や領域名、教育課程基準（学習指導要領）を定めるのは文部科学大臣の権限となっている。私立学校は教育課程に「宗教」を加えることができ、それは道徳に代えることができるとある。学習指導要領は「法規としての性質を有する」ことは、最高裁の見解としては伝習館高校事件において説示された（伝習館高校事件、最高裁小法廷平成 2 年 1 月18日判決、判例時報1337号 3 頁）。

　学習指導要領は教育基本法や学校教育法などを踏まえて作成される。教育基本法は2006年に全部改正されたが、第 2 条第 5 号に教育目標として明記された「伝統と文化の尊重」の影響をうけて、2008年版学習指導要領から小学校国語科で「伝統的な言語文化と国語の特質に関する事項」の項目がつくられることになり、小学校から故事成語、古文や漢文の学習が登場するようになったこと、中学校保健体育科で「武道」が必修化されている。さらに、2017年版学習指導要領から家庭科では「日本の伝統的な生活についても扱い，生活文化に気付くことができるよう配慮すること。」「和食の基本となるだしの役割についても触れること。」と明記されるようになった。

　同じ第 2 条第 5 号にある「国と郷土を愛する…態度」に関しては、学習指導要領上は旧来（1998年告示）から中学道徳では「日本人としての自覚をもって国を愛し」の文言があることが2017年版学習指導要領にも続いている。日本の学校に通学する子どもは「日本人」とは限らないこと、また「日本人としての自

覚」という語句の不明瞭性から、再考すべき内容という見解もある。

　教師には一定の範囲で教授の自由があるものの、検定教科書使用義務が学校教育法第34条により課せられている。「デジタル教科書」は2019年4月より同法第34条2項により使用することができることが規定された。義務教育段階での教科書は無償であるが、今のところ「デジタル教科書」はその対象にはなっていない。教科書以外に補助教材を使用する場合には、教育委員会への「届け出又は承認」が必要と規定されている（地方教育行政の組織及び運営に関する法律、以下「地方教育行政法」第33条2項）。

　教科書検定は文部科学大臣の名で行われる。教科書検定基準の一項目として「学習指導要領の総則に示す教育の方針や各教科の目標に一致していること」、内容・内容の取扱いとして「示す事項を不足なく取り上げていること。」とあり、学習指導要領の影響をうけて作成されていることは明白である。

　検定制度の合憲性をめぐっては、いわゆる家永訴訟が3度にわたって（1965、1967、1984年）、後に高嶋訴訟（1993年）が提訴されたが、検定制度は合憲と認められ、一部の箇所については検定制度の「適用違憲」という判断が下された。臨時教育審議会答申（1987年）において、「個性豊かで多様な教科書が発行されることなどをねらいとして，検定基準の重点化・簡素化」がいわれた影響か、それ以降は教科書検定の簡素化がおこなわれ、1つの教科書につけられる検定意見の数は大幅に減少するに至っている。

　検定基準は1989年に「義務教育諸学校教科用図書検定基準」「高等学校教科用図書検定基準」が告示されて若干の修正が加えられたものが現在も使用されている。1999年に検定申請された教科書からは「指摘事項一覧表」が作成されるようになっている。近年では、比較的明確な基準にもとづいたが行われていることは評価できよう。[2]

　ここでは、最近の動向として中学校道徳科教科書検定の動向を見てみよう。2019年度より小学校、2020年度から中学校における「道徳」は「特別の教科道徳」として、教科書使用義務を課した学習へとかわることになった。

　教科書検定に提出した8社による本がすべて合格した。それぞれ中学3学年用に分冊がつくられている。1社あたりの平均指摘箇所数は23であり、そのうち1社はこれまで申請をだしていなかった教科書出版社であるせいか、突出して指摘箇所が多い（67か所）。

　検定の実態としては、例えば「鳴門の渦潮」と書くべきところを「鳴戸の渦

潮」と表記してしまった場合など、提出原稿にミスがあった箇所に「誤記である。」「不正確である。」「脱字である。」などの理由で意見がつく場合がほとんどである。

　個々の箇所でなく、図書全体に対する指摘としては「学習指導要領に示す内容に照らして、扱いが不適切である。」という意見が合計7か所に及んだ。中学道徳科の場合、「自主、自立、自由と責任」など22項目との内容との対応が求められている。それはさらに、道徳科固有の条件として、「図書の主たる記述と…中学校学習指導要領第三章の第二『内容』に示す項目との関係が明示されており、その関係は適切であること。」とある。1冊の教科書に30あまりの「読み物」が掲載されるゆえ、1つの項目について1つの「読み物」しか掲載できないことは多々ある。しかし、1つを挙げていても、学習指導要領の内容を十分にふまえていないと判断されることがある。

　7か所のうち、4か所は「節度、節制」すなわち「望ましい生活習慣を身に着け、心身の健康の増進を図り、節度を守り節制に心掛け、安全で調和のある生活をすること。」との対応関係の指摘であった。

　そのような指摘をうけた場合、教科書出版社は教材の差し替えなどで指摘された領域の教材を増やすことによって対応する。「節度、節制」に関しては、交通安全、防災、「歩きスマホ」と事故、に関する教材にさしかえたものがそれぞれ1種ある。[3] 学習指導要領はとくに防災や事故防止を重視しているとはいえない。そのようなことに触れない教科書も一方で合格している。[4]

　もう1種は「節度、節制」に関しての教材の末尾に「あなたの『小さいこと』を決めて、日常生活で意識してみよう。」とあった前に「心身の健康や安全につながる」の語句を挿入して対応して、それで合格となっている。[5] いかなる基準で意見が付き、修正ののちに合格とみなされているのかは外形を見る限り不明である。

　しかし、原稿そのものにミスがあった場合の訂正以外はほとんど申請された通りに教科書として出版されている。上記のケースなど、どうして内容を十分ふまえていないと判断されたのかに「恣意性が存在する。」といえなくもないが、検定によって道徳や思想の内容の記述変更を求められることはほぼなかったといってよい。

　出版社にとっては検定不合格になると莫大な損害が発生することとなる。申請の時点で学習指導要領ほかに照準を絞り、「自主規制」にもとづいた本が作

成されているのではないか、という見方はありうる。

③ 地方・学校における教育課程

（1）地方教育委員会・学校と教育課程経営

　法律、学習指導要領といった国の基準の枠内で、地方教育委員会の指導のもと、学校単位で教育課程の経営が行なわれることとなる。

　地方教育行政法第48条第１項において、「文部科学大臣は都道府県又は市町村に対し、都道府県委員会は市町村に対し、都道府県又は市町村の教育に関する事務の適正な処理を図るため、必要な指導、助言又は援助を行うことができる。」とある。第２項において、「教育課程」についても「指導、助言又は援助」を行うことができることが定められている。なお、「指導、助言」に関しては従う法的義務はないことに注意しなければならない。

　学習指導要領の枠内であれば、地方教育委員会は県や市で教育課程に関して統一的方針をだすことは可能である。東京都教育委員会では、2016年度より学校設定教科として「人間と社会」という教科を設定しており、すべての都立高校では履修されている。

　学校教育法では「校長は校務をつかさど」る（第37条４項）とあり、『学習指導要領』には、「各学校においては、…地域や学校の実態及び児童の心身の発達の段階や特性を十分考慮して、適切な教育課程を編成する[6]」とある。あくまで教育課程の編成権は学校にある。例えば社会科や総合的な学習の時間における地域についての学習などは特に、各学校で内容を決めていくこととなる。「特色ある学校づくり」が強調されるようになって久しいが、教育課程にも学校ごとに特色が求められる方向にある。

　高校の場合、どの高校でも必履修、選択必履修となる科目は少なく、どの学年にどの科目を配置するかなどの自由度は高い。さらに、学校全体としての「特色ある学校づくり」に関する動向は、顕著である。実態は都道府県によって異なるが、教育委員会が県立高校と協議して、高校を「多様化」する方向に誘導することがある。高校が普通科以外の学科（専門学科、総合学科）や、普通科にも多様なコースがつくられるなどしている。専門学科の場合は、学習指導要領により25単位以上、専門教科の科目履修することが義務付けられる。

　さらに、学校で独自の教科・科目を設定することもよく行われている。2015

年度入学生で、普通科の89.6パーセント、専門学科の73.3パーセント、総合学科の97.7パーセントで設置されている。その開設している観点は、「義務教育段階の学習内容の確実な定着を図るため」「発展的な学習などを実施するため」「地域に関連した事項を扱うため」「道徳の内容を実施するため」などである。

　学校教育法施行規則上、学習指導要領に必ずしも従わなくても良い場合がある。教育課程の「改善に資する研究を行うため」に必要がある場合（第55条）、「地域の特色を生かした特別の教育課程を編成」する場合（第55条の２）、「相当の期間小学校を欠席し引き続き欠席すると認められる児童を対象」とする場合（第56条）、「日本語に通じない児童」（第56条の２）を対象とする場合が挙げられる。

　第55条が適用される場合は、「教育課程特例校制度」とよばれ、市町村教育委員会・私立学校ごとに「小学校低・中学年における英語教育」「『ことば』に関する取組」「ふるさとや郷土に関する取組」などを行うための特例が認められている。それ以外にも、例えば兵庫県尼崎市立の小学校では小学３・４年生に「計算科」をおくことが特例として認められている。2016年の時点で318件、3182校が指定されている。

　第55条（高校の場合第85条）の適用対象となるのは他に、「スーパー・サイエンス・ハイスクール」などの高校のほか、「研究開発学校制度」と呼ばれる独自の研究をするための学校がある。それは、33件、67校が指定されている。例をあげると、私立立命館宇治中学校・高等学校では「カリキュラム構造創出を促す日本版コア科目『総合的な探究の時間』の研究開発」を行っている。

　第56条の適用は公立・私立の12校が指定されている。例をあげると、学校法人東京シューレ葛飾校は「道徳及び特別活動の時間を統合した「コミュニケーションタイム」を新設し、話し合い、共に協力しあいながら、自分達のやりたいことを実現していく方法等を学ばせる。」ことが行われている。不登校児童生徒への対応は、指定校以外の学校でも、通常の教育課程の範囲内で補習などの対応が行われている。

（2）教科書採択

　文部科学省の検定に合格した教科書に関しては、採択は地方で行われる。小中学校の場合は「義務教育諸学校の教科用図書の無償措置に関する法律」が2014年に一部改正されたが、市町村の区域又はこれらの区域を併せた地域に「採択地区」を設定し、複数の市町村の区域を含む場合は「協議により規約を定め、

…協議会…を設け」、協議の結果に基づき、種目ごとに同一の教科用図書を採択する、と規定されている。教科書採択地区の数は2023年1月の時点では581である。なお、同法は1963年に制定されたが、審議過程において、教科書を学校ごとでない広域採択制をとる理由として「教科書価格の低廉をはかる上にも資するところ大なるものがあります」という説明がされたが、現在のところ小・中学校と高校で教科書の価格に差は生じていないといってよい。

　地方教育行政法第23条は教育委員会の職務権限を列挙しているが、そのなかに「教科書その他の教材の取扱いに関すること」がある。高校の場合はほかに規定がなく、各学校の希望にもとづき教育委員会が学校ごとに採択しているというのが現状である。教科書の使いやすさなどが判断できるのは実際に教科書を使用する教師であり、教育委員会は「みずからが教科書採択を行うことでなく、教師を中心に教科書採択が行わるように条件整備を行う[7]」と考えるべきであろう。

　文部科学省通知は、「教職員の投票によって採択教科書が決定されるなど、採択権者の責任が不明確になることがないよう、採択手続きの適正化を図るよう努めること。」と述べているが、文部科学省の検定を経ている教科書のいずれを採択したところで、責任問題となるとは考えにくい。

おわりに

　本章では教育課程にかかわる法制度をとりあげたわけである。国によって法や学習指導要領によって統一基準がある程度定められているなか、地方や学校の裁量で「個性に応じる」教育を行うことが目指されている。

　「個性に応じる」教育とは、臨時教育審議会（1984年）以来言われ続けていることであり[8]、日本の教育は画一的という批判がある。一方で、初等中等教育であれば「全員が学ばなければならないこと」があるのは当然であり、その点は画一的でないとおかしいという批判もある。現実は、「多様化」の方向性にあることは明らかである。

　教育課程に関する法令をどのようにさだめれば「最善」であるかは、容易に答えがでそうな問題ではない。

[演習問題]

1．近年の教育課程改革の政策動向について、調べてみよう。

2．地方自治体と教育課程の関係について、調べてみよう。

3．自分の住んでいる県の高校の教育課程の状況について、調べてみよう。

注

1 ）文部科学省『小学校学習指導要領解説　総則編』東洋館出版社、2018年、11頁。

2 ）大津尚志「教科書検定をめぐる近年の動向と課題」（伊藤良高編『教育と福祉の基本
　　問題』晃洋書房、2018年、pp.126-136）。

3 ）『道徳　中学校 1 』日本教科書、36頁、『道徳　中学校 2 』日本教科書、21頁、『新しい
　　道徳 3 』東京書籍、62-65頁。

4 ）『中学道徳 2 』光村図書。

5 ）『中学道徳 3 』光村図書、175頁。

6 ）前掲書（注 1 ）、17頁。

7 ）浪本勝年「日本の教科書制度の検証」（『季刊教育法』第130号、2001年、10頁）。

8 ）臨時教育審議会「教育改革に関する第 4 次答申（最終答申）」1987年。

参 考 文 献

大津尚志・伊藤良高編『新版　教育課程論のフロンティア』晃洋書房、2018年。

大桃敏行・押田貴久編『教育現場に革新をもたらす自治体発カリキュラム改革』学事出版、
　　2014年。

『教科書作成のしおり（平成22年改訂版）』教科書研究センター、2010年。

日本教育法学会編『教育法の現代的争点』法律文化社、2014年。

文部科学省『教科書制度の概要』文部科学省、2014年。

コラム4

▶「道徳の教科化」の意味するもの

「道徳の教科化」の概要

　小学校では2018年度から、中学校では2019年度から「特別の教科　道徳」（道徳科）がスタートした。従来の道徳の授業は、「道徳の時間」という名称で、特別活動や総合的な学習の時間とならんで、教育課程のなかの一つの領域であったが、この度変更されたのである。大きな変更点として、文部科学省検定済の教科書を使用することとなったことや、記述式による評価の実施などが挙げられる。内容については、いじめの問題への対応の充実や発達の段階をより一層踏まえた体系的なものに改善し、指導方法を工夫し「考え、議論する道徳」が目指されている。一方で、「授業としては週1時間で、小中学校の学級担任が指導する」「学校における教育活動全体で道徳教育は行われるもので、道徳科の時間はその要となる」といった、教科化の前と後で変化がない基本的な原則も少なくないのである。

　道徳の教科化に対する反対意見と、その限界

　次に、「道徳の教科化」が決定するまでの議論を振り返る。「道徳の教科化」については、いじめなどの子どもを取りまく問題への解決策となる、などの理由から賛成意見もあったが、一部の識者やマス・メディアからは、次のような多くの反対意見が出された。「思想・良心の自由が、憲法などで認められているのに、特定の価値観を教科指導という形で子どもに押し付けていいのか」「価値観が多様化している今日の傾向に逆行するのではないか」「いくら点数にはならないとしても児童生徒の道徳性を評価することなど不可能ではないか」「国家権力に従順な児童生徒を作るだけではないか」などである。このような論調の背景として、戦前の教育への反省が語られることが多い。戦前の教育において、最高規範は忠君愛国を基本とする教育勅語であり、教育勅語の理念を教科として教えるのが修身科であった。修身科は、明治時代の前期から筆頭教科、すなわち最も重要な教科としての扱いであった。この結果が凄惨な戦争につながったため、戦前の道徳教育を否定的にとらえるのである。

　しかし、この論理は厳密につきつめていくと、限界があると筆者は考えている。端的に言って「道徳教育である以上、何らかの価値判断に立つしかない。どんな価値判断も絶対に正しいというわけではなく、それに相容れないものを否定するのであれば、それは押しつけとなる」からである。かなり抽象的であるが、「自由」

「民主主義」といった概念も、絶対に正しい、すべての時代や社会において人類普遍の真理とは言い切れないのではないか。ここですぐ出るであろう反論は、「『自由』『民主主義』の定義による。しっかりと定義すれば、普遍の真理たりえる」という意見であろうが、そのように定義することが一つの恣意的な価値観であることは間違いない。すなわち、道徳の教科化に反対した一部の識者やマス・メディアも、基本的にはひとつの価値判断で、それに反する価値を認めないのであれば、「押し付け」と本質的に差はないのである。

教科化以前の「道徳の時間」の総括

　続いて、実際の教育現場に身を置く、現職教員の意見を考察してみよう。道徳の教科化について、現職教員からの意見は、前出の識者やマス・メディアほどは聞こえてこなかったように思われる。推測するに、「小学校英語の教科化」「プログラミング教育」「主体的・対話的で深い学び」など新しいことが次々と教育課程で入るなかで、「多忙で、新しいことはやりたくない」という意識が強く、賛成反対の意見を持つまでに至らなかった（または、「現状維持なら仕事は増えない」と考えて教科化には反対した）のではないか。筆者は、何人もの現職教員や、現場との交流が密な研究者から、このような意見を伺った。

　もちろん、現職教員で賛成反対などの明確な意見をお持ちだった方も大勢いたであろうし、多忙のため明確な意見がなかったという教員を批判したいわけでもない。ただ、賛成反対を決めるために、教科化以前の一つの「領域」であった「道徳の時間」を総括するという作業は、もっとあってもよかったかと考える。文部科学省は、これまでの「道徳の時間」の課題として、次のようなものを挙げている。「歴史的経緯に影響され、いまだに道徳教育そのものを忌避しがちな風潮がある。」「他教科等に比べて軽んじられ、他の教科等に振り替えられていることもあるのではないか。」「教員をはじめとする教育関係者にもその理念が十分に理解されておらず、効果的な指導方法も共有されていない。」「授業方法が、読み物の登場人物の心情を理解させるだけなどの型にはまったものになりがちである。」（出典：文部科学省ホームページ　道徳教育アーカイブ　研修用資料　https://doutoku.mext.go.jp/pdf/h29_block_training_materials.pptx　2019年10月27日　アクセス）文部科学省が、公的な説明の場において、これだけ否定的な評価をそのまま引用して説明を行っていることは、重く見るべきであろう。これらが事実であれば、抜本的改善が必要とされても、仕方がないのではないか。もし事実認識が間違っている、偏っているというなら、その文脈で意見を出すべきともいえる。

　大雑把な議論となるが、一部の識者やマス・メディアが強く反対したのに、道徳の教科化が実現したのは、これまでの「道徳の時間」の総括が弱かったことも一因であったのはないかと考えられる。

　これからの「特別の教科　道徳」にむけて
　「道徳の時間」は、1958年に開始され約60年にわたって続いた。多くの批判や問題点が指摘されたが、この60年間に実践的な面においても理論的な面においても、膨大な蓄積がなされてきたことは言うまでもない。本稿で詳しくふれることは出来ないが、「同和教育」「人権教育」の分野において、様々な実践例が特に多いと考えられる。よりよい「特別の教科　道徳」を目指すのであれば、これまでの「道徳の時間」を総括し、良い点と悪い点を洗い出しいくことが、シンプルだが最も意味がある作業だと考える。

第7章　障害児（者）教育と法

はじめに

　本章では、障害児（者）教育について、障害者福祉関連法規を検討し、教育との関連について考察するものである。昨今、障害者福祉、教育は、ノーマライゼーションの理念のもと、障害児（者）の権利保障が1つの柱となってきている。その権利保障の1つとして、障害児（者）の教育を受ける権利がある。「障害者の権利に関する条約」（日本は2014年批准・公布、同2月発効）では、第24条に「教育」が示され、「障害者の権利を認め」（第1項）かつ、「障害者が障害に基づいて一般的な教育制度から排除されないこと」（第2項a）と明示されている。すなわち、障害児（者）の教育を受ける権利を明確に示し、障害を理由に教育の機会が剥奪されないよう配慮することが求められていると言えよう。

　本章では、障害児（者）福祉と教育基本法に触れたのち、障害者福祉関連法である「障害者の権利に関する条約」、「障害者基本法」、「発達障害者支援法」、「障害者虐待の防止、障害者の養護者に対する支援等に関する法律（以下、障害者虐待防止法と略）」を概観することで、障害児（者）教育のあり方について論じていきたい。なお、本章では原則、障害児（者）と表記するが、引用箇所及び文脈によっては「障害のある児童生徒」、「障害のある子ども」、「障害のある者」と表記している。

1　障害児教育と教育基本法及び学校教育法

　日本の最高法規である日本国憲法第26条において「すべて国民は、法律の定めるところにより、その能力に応じて、ひとしく教育を受ける権利を有する。」と明記されているように、障害児（者）の権利の1つに教育を受ける権利がある。では、障害児（者）個々人の能力に応じた教育とはいかなるものであろうか。

教育基本法（2006年公布）では第4条（教育の機会均等）において「すべて国民は、ひとしく、その能力に応じた教育を受ける機会を与えられなければならず、人種、信条、性別、社会的身分、経済的地位又は門地によって、教育上差別されない。」と憲法に基づく国民の教育権を示し、さらに第2項では、「国及び地方公共団体は、障害のある者が、その障害の状態に応じ、十分な教育を受けられるよう、教育上必要な支援を講じなければならない。」と示し、障害児（者）の教育を受ける権利と同時に教育を受けるための支援について国及び地方公共団体の責任が明確になっている。つまり、日本国憲法、教育基本法において、障害児（者）の教育を受ける権利が明確になっているのである。また、障害児（者）の教育に関する基本的な事項にあっては、学校教育法によって示されている。

　2007年に一部改正された「学校教育法」（1947年公布）第1条では「この法律で、学校とは、幼稚園、小学校、中学校、義務教育学校、高等学校、中等教育学校、特別支援学校、大学及び高等専門学校とする。」と示された。第8章では「特別支援教育」が位置づけられ、第72条に、特別支援学校は、「視覚障害者、聴覚障害者、知的障害者、肢体不自由者又は病弱者（身体虚弱者を含む。以下同じ。）に対して、幼稚園、小学校、中学校又は高等学校に準ずる教育を施すとともに、障害による学習上又は生活上の困難を克服し自立を図るために必要な知識技能を授けることを目的とする。」と示された。第81条では「幼稚園、小学校、中学校、義務教育学校、高等学校及び中等教育学校においては、次項各号のいずれかに該当する幼児、児童及び生徒その他教育上特別の支援を必要とする幼児、児童及び生徒に対し、文部科学大臣の定めるところにより、障害による学習上又は生活上の困難を克服するための教育を行うものとする。」と明記された。なお、次項各号とは、第2項第1号から第6号に、知的障害者、肢体不自由者、身体虚弱者、弱視者、難聴者、その他障害のある者で、特別支援学級において教育を行うことが適当なもの、と示されている。これにより特別支援学校のみならず、すべての学校において、障害のある幼児、児童、生徒の支援をさらに充実させることとなっている。[1]

2 障害者の権利に関する条約及び障害者基本法と障害児（者）教育

　日本における障害児（者）福祉の基本法でもある障害者基本法（1970年公布）を挙げておきたい。

　障害者基本法は、障害者の基本的人権を守り、障害者を権利主体として尊重し、社会参加することを妨げない、という考え方のもと2011年8月「障害者基本法の一部を改正する法律」が公布・施行されたことにより、障害者基本法が改正されている。改正の経緯を見ると、障害者の権利に関する条約が2006年12月に国連総会において採択され、日本は2007年9月に同条約に署名、その後、締約・批准を視野に入れた国内法整備という側面がある。同条約の第1条（目的）では「全ての障害者によるあらゆる人権及び基本的自由の完全かつ平等な享有を促進し、保護し、及び確保すること並びに障害者の固有の尊厳の尊重を促進することを目的とする。」とある。

　障害者基本法の第1条（目的）では、「全ての国民が、障害の有無にかかわらず、等しく基本的人権を享有するかけがえのない個人として尊重されるものであるとの理念にのつとり、全ての国民が、障害の有無によつて分け隔てられることなく、相互に人格と個性を尊重し合いながら共生する社会を実現するため」の文言が新たに付加された。これはひとえに、障害者を権利主体として、当事者の主体性を尊重した自立支援へと発展したものと捉えることができる。

　障害者基本法における教育条項についてみていくと、第16条（教育）では、「国及び地方公共団体は、障害者が、その年齢及び能力に応じ、かつ、その特性を踏まえた十分な教育が受けられるようにするため、可能な限り障害者である児童及び生徒が障害者でない児童及び生徒と共に教育を受けられるよう配慮しつつ、教育の内容及び方法の改善及び充実を図る等必要な施策を講じなければならない。」と規定されている。この規定は、障害児（者）が障害のない子どもと共に同じ場所で学ぶ、インクルーシブ教育を進めることの重要性を示唆しているのである。この点について、2012年7月に報告された、文部科学省初等中等教育分科会「共生社会の形成に向けたインクルーシブ教育システム構築のための特別支援教育の推進（報告）」では、障害者の権利に関する条約との関連性から、「共生社会」の実現に向けて、障害児者と障害のない者が共に学ぶ仕組みであるインクルーシブ教育システムの必要性を示し、障害のある者が一般の教育制度から排除されないこと、自己が生活する地域で教育の機会が与えられること、そのための個人に必要な「合理的配慮」が必要であると指摘している。

　さらに、第16条第2項では、当事者である障害児（者）と保護者の教育選択権について、「国及び地方公共団体は、前項の目的を達成するため、障害者である児童及び生徒並びにその保護者に対し十分な情報の提供を行うとともに、

可能な限りその意向を尊重しなければならない。」と規定している。つまり、情報提供の際は、障害児（者）と保護者が正確及び適切に情報を得ることができるよう配慮され、同時に当事者の自己選択、自己決定が尊重されることが求められているといえる。

　上述した、インクルーシブ教育の推進、当事者の教育選択権の尊重、障害児（者）の教育を受ける上での合理的配慮などについて、第11条（障害者基本計画等）では、政府、都道府県、市町村に「障害者基本計画」の策定を義務づけている。障害者基本計画の基本原則として、① 地域社会における共生等、② 差別の禁止など、がある。① 地域社会における共生等では、全ての障害者が、障害者でない者と平等に、基本的人権を享有する個人として、その尊厳が重んぜられ、その尊厳にふさわしい生活を保障される権利を有することを前提となっている。また、② 障害者の差別禁止では、障害者差別その他の障害者に対する権利利益の侵害行為が禁止されるとともに、合理的配慮の提供が求められている。[5]

　障害児（者）の教育の観点から上述した2つの点から見てみよう。第1に、共生社会の実現と教育の可能性である。障害のあるなしにかかわらず、全ての人々が自身が望む教育を享受するためには、その尊厳が守られることが必要である。つまり、人権としての教育を受ける権利が法によって守られていることが重要である。第2に、障害児（者）の教育を受ける権利を享受するための合理的配慮である。障害者の権利に関する条約第2条（定義）では、「合理的配慮」とは、「障害者が他の者と平等にすべての人権及び基本的自由を享有し、又は行使することを確保するための必要かつ適当な変更及び調整であって、特定の場合において必要とされるものであり、かつ、均衡を失した又は過度の負担を課さないものをいう。」と定義されている。

3　発達障害者支援と障害児（者）教育

　発達障害者支援法では、第1条（目的）に、「発達障害を早期に発見し、発達支援を行うことに関する国及び地方公共団体の責務を明らかにする」と示され、「学校教育における発達障害者への支援」などが規定されている。発達障害の定義として、第2条（定義）第1項では「『発達障害』とは、自閉症、アスペルガー症候群その他の広汎性発達障害、学習障害、注意欠陥多動性障害その

他これに類する脳機能の障害であってその症状が通常低年齢において発現するものとして政令で定めるものをいう。」としている。また、発達支援について第4項に「『発達支援』とは、発達障害者に対し、その心理機能の適正な発達を支援し、及び円滑な社会生活を促進するため行う発達障害の特性に対応した医療的、福祉的及び教育的援助をいう。」と示されている。つまり、発達障害児者の発達支援においては、医療・福祉・教育が協働で総合的な支援を進めることが重要である。

　また、発達障害者支援法の意義について、滝村雅人は「法の第二章『児童の発達障害の早期発見及び発達障害者の支援のための施策』に述べられているように、発達障害の早期発見・早期対応、学校教育における支援、就労の支援と自立及び社会参加のための生活全般にわたる支援や家族支援の構築について明文化したところにある」と指摘している。つまり、発達段階に応じた支援だけでなく以下に示すように、発達障害児者の保育・教育から生涯にわたる支援のつながりを明らかにしている点については意義があろう。

　乳幼児期の支援を見ると、第7条（保育）では「市町村は、児童福祉法（昭和22年法律第164号）第24条第1項の規定により保育所における保育を行う場合又は同条第2項の規定による必要な保育を確保するための措置を講じる場合、発達障害児の健全な発達が他の児童と共に生活することを通じて図られるよう適切な配慮をするものとする。」と示され市町村の責務が明らかにされている。乳幼児期の保育、教育の重要性については多くの論者が指摘し、笹森洋樹らは、「乳幼児期は、ことばの発達をはじめとしたコミュニケーション能力、対人関係や社会性の育ち、様々な認知機能の習得等、学校における学習や集団生活、その他の自立や社会参加の基盤を形成する時期である。」と指摘し、乳幼児期において適切な支援を受けなければ、就学後の学習や生活において困難を抱えることが多くなると述べている。このように、発達障害者支援法では、乳幼児期の発達障害児への支援について身近な地域で支援が行われることが求められ、市町村がその役割と責任を担うことが求められているのである。

　また、第8条（教育）では、「国及び地方公共団体は、発達障害児がその障害の状態に応じ、十分な教育を受けられるようにするため、適切な教育的支援、支援体制の整備その他必要な措置を講じるものとする。」と示されている。同様に、第8条第2項では、「大学及び高等専門学校は、発達障害者の障害の状態に応じ、適切な教育上の配慮をするものとする。」と示され、高等教育機関

においても発達障害者への教育に際し合理的配慮が求められている。上述したように、国や都道府県などは、行政の責任において発達障害児（者）への早期の発達支援及び教育的支援に対し積極的に取り組むことが必要となっている。乳幼児期から学童期、青年期と発達に応じて適切な支援を行うことで発達障害児（者）のライフステージを見すえた支援のあり方を明示しているといえる。

しかし、課題もいくつか存在する。1つは、気になる子ども（支援が必要とされる子ども）への対応である。法的に支援策が示されようとも、保育、教育の現場では、次のような課題も指摘されている。保育施設において、保育者は「気になる子ども」「落ち着きがない子ども」「対応が難しい子ども」など、支援の必要性を把握しながらも、保育施設から保護者に子どもの状況を伝えることが困難（あるいは、保護者に伝えても受容が困難）であるとの声も多く聞かれる。その結果、乳幼児期に発達障害があるのではないかと思われる子どもへの対応が不十分な場合も多い。上手く、保育施設や教育機関と保護者が情報を共有し、子どもへの早期支援が可能となれば、保幼小の連携などライフステージに応じた適切な支援が可能となる。今後は、発達障害者支援法の課題として、滝村や障害者基本計画（第3次計画）が指摘するように、「発達障害」の理解と知識を持った専門性の高い保育士や幼稚園教諭、特別支援学校教諭などの養成が必要であろう。

2つ目は、高等教育機関における発達障害者への支援である。丹治敬之らは、高等教育機関における発達障害学生（以下、障害学生と略）支援の必要性及び支援方法、支援体制について次のように論じている。「障害学生の教育的ニーズを可能な限り尊重し、制度面・財政面での均等を失わない範囲で、配慮内容を本人と大学関係者との間で十分に話し合い、双方における合意及び共通理解を図った上で決定される必要がある」。しかし、現状としては「本人と大学関係者との協議の上で、配慮内容を決定したと判断された支援事例は、全体の約30％であり、合理的配慮の決定方法、およびその決定に関与したメンバー構成、学内の組織的な支援体制の整備は、今後の検討課題であるだろう」と述べている。つまり、発達障害者支援法においては、「適切な教育的な配慮」、いわゆる「合理的配慮」について明示されているものの、実際には高等教育機関における発達障害者への教育的支援において「合理的配慮」が十分とは言い難い結果となっており課題と言える。

４　障害者虐待防止法と教育

　障害者虐待防止法が2011年6月に施行された。第1条にもあるように、「障害者に対する虐待が障害者の尊厳を害するものであり、障害者の自立及び社会参加にとって障害者に対する虐待を防止することが極めて重要であること」を理解しなければならない。同時に、障害者虐待防止法が制定された背景を考える必要がある。

　障害者虐待が起こる背景として、障害の特性に対する知識や理解の不足、障害者の人権に関する意識の欠如、障害児（者）がいる環境（施設や学校等）の閉鎖性（密室性）などがあるといわれている。[11] つまり、障害者の行動特性を理解せず、特異な行動と捉えるため、体罰、抑制、薬物の過剰投与などで障害児（者）の行動を制限したり、障害児（者）を1人の人間として尊重する意識が希薄であったり、施設や学校などでの障害児（者）の主体性が尊重されないなど、障害児（者）に関わる人々の意識が未成熟であるがために、不適切な対応があると考えることができる。

　障害者への虐待の禁止として、第3条（障害者に対する虐待の禁止）では「何人も、障害者に対し、虐待をしてはならない。」と規定している。障害児（者）と関わる者は、身体虐待だけでなく、心理的虐待、ネグレクト等、虐待とはいかなるものかを理解し、支援することが重要である。障害児（者）の置かれた状況などから、意見表明及び自己主張やニーズ表明が困難であることに配慮することが必要である。

　そこで、教育についてみると、第29条（就学する障害者等に対する虐待の防止等）では、「学校の長は、教職員、児童、生徒、学生その他の関係者に対する障害及び障害者に関する理解を深めるための研修の実施及び普及啓発、就学する障害者に対する虐待に関する相談に係る体制の整備、就学する障害者に対する虐待に対処するための措置その他の当該学校に就学する障害者に対する虐待を防止するため必要な措置を講ずるものとする。」と規定している。同様に保育施設においても、第30条（保育所等に通う障害者に対する虐待の防止等）で、保育所等の長に対し、保育所等の職員その他の関係者に対する障害及び障害児（者）に関する理解を深めるための研修の実施及び普及啓発、虐待に関する相談体制の整備、などが規定されている。

しかし、東俊裕[12]によれば、上述したように、障害者虐待防止法では、学校や保育施設の長に対して、虐待に関する相談に係る体制整備、虐待に対処するための措置、虐待防止に必要な措置等を求めているが、虐待の実態があるにもかかわらず、法律に基づく救済の仕組みが設けられていないと指摘する。また、体制整備についてみると、「平成29年度『障害者虐待の防止、障害者の養護者に対する支援等に関する法律』に基づく対応状況等に関する調査結果報告書」[13]によれば、都道府県及び市町村における障害者虐待防止対応のための体制整備について、2017年度末では「学校」「保育所」等における障害者虐待に関する相談等の受付体制整備が整っているのは29都道府県（61.7%）、769市町村（44.3%）に留まっている。東が指摘するように、現時点では、法的な救済の仕組みで障害者虐待を防止するのではなく、障害児（者）に関わる者の意識を変容させることに主眼が置かれているように思われる。今後は、保育、教育現場においても、障害児（者）の権利、当事者主体を推し進め自己選択・自己決定を促すこと、かつ、虐待に関する救済措置の仕組みを構築することが必要であろう。

おわりに

これまで、障害者福祉関連法規と教育の関係について概観してきた。障害者の権利に関する条約にもあるように、すべての障害児（者）の人権及び固有の尊厳が尊重されること、かつ、社会参加が促進される必要がある。また、合理的配慮のもと、いかなる差別もなしに、権利の実現を目指すことが求められている。上述の基本原則は障害児（者）教育において最も重要かつ必要な視点である。

現在でも障害児（者）の教育においては課題もあろう。この課題を解決するためには、教育、福祉、医療が協働して支援に取り組む体制を整備することも大切である。同時に、障害児（者）の保育、教育を受ける権利と彼らの特性を理解するとともに、すべての人々が個別性を互いに認め合い、支え合う社会の実現を目指すことが求められるのであろう。

演習問題
1. 障害者基本法と教育の関係をまとめてみよう。
2. 発達障害者支援法における教育のあり方について考えてみよう。

３．障害児者虐待と教育現場の現状について考えてみよう。

注

１）文部科学省「特別支援教育について」http://www.mext.go.jp/a_menu/shotou/
　　tokubetu/main.htm（最終確認2019年10月９日）。

２）文部科学省初等中等教育分科会（平成24年７月23日）「共生社会の形成に向けたイン
　　クルーシブ教育システム構築のための特別支援教育の推進（報告）」http://www.mext.
　　go.jp/b_menu/shingi/chukyo/chukyo３/044/attach/1321669.htm（最終確認2019年10月
　　９日）。

３）注２の報告書によれば、インクルーシブ教育システム（inclusive education system）
　　とは、障害のある者と障害のない者が共に学ぶ仕組みであり、障害のある者が一般の教
　　育制度から排除されないこと、自己の生活する地域において初等中等教育の機会が与え
　　られること、個人に必要な「合理的配慮」が提供されること等が必要とされているとし
　　ている。

４）合理的配慮とは、「障害者の権利に関する条約」第２条（定義）において、「障害者が
　　他の者と平等にすべての人権及び基本的自由を享有し、又は行使することを確保するた
　　めの必要かつ適当な変更及び調整であって、特定の場合において必要とされるものであ
　　り、かつ、均衡を失した又は過度の負担を課さないものをいう。」と定義されている。

５）障害者基本計画（第４次）https://www８.cao.go.jp/shougai/suishin/pdf/kihonkeikaku30.
　　pdf（最終確認2019年10月９日）。

６）滝村雅人「発達障害者支援法の意義と課題」『障害者問題研究／障害者問題研究編集
　　委員会編』、36（１）（通号133）、2008年、35-40頁。

７）笹森洋樹・後上鐵夫・久保山茂樹・小林倫代・廣瀬由美子・澤田真弓・藤井茂樹「発
　　達障害のある子どもへの早期発見・早期支援の現状と課題」『国立特別支援教育総合研
　　究所研究紀要』37巻、2010年、３-15頁。

８）滝村前掲論文。

９）障害者基本計画（第３次）http://www８.cao.go.jp/shougai/suishin/kihonkeikaku25.
　　html（最終確認2014年９月３日）。

10）丹治敬之・野呂文行「我が国の発達障害学生支援における支援方法および支援体制に
　　関する現状と課題」『障害科学研究』38巻、2014年、147-161頁。

11）政府広報オンライン「障害者を虐待から守り、養護者に必要な支援を行うために平成
　　24年10月１日から『障害者虐待防止法』が始まります」 http://www.gov-online.go.jp/
　　useful/article/201209/１.html（最終確認2014年９月30日）。

12）東俊裕「障害者権利条約と障害者虐待防止（シンポジウム、児童・高齢者・障害者虐
　　待問題と法──社会保障法学、民事法学、刑事法学から──、2012年（第117回）学術

大会)」『九州法学会会報』2012年、62-65頁。

13) 厚生労働省　社会・援護局　障害保健福祉部　障害福祉課　地域生活支援推進室「平成29年度『障害者虐待の防止、障害者の養護者に対する支援等に関する法律』に基づく対応状況等に関する調査結果報告書」2018年12月 https://www.mhlw.go.jp/content/12203000/000464431.pdf（最終確認2019年10月10日）。

参 考 文 献

伊藤良高・中谷彪・大津尚志編『新教育基本法のフロンティア』晃洋書房、2010年。

伊藤良高編著『第2版　教育と福祉の課題』晃洋書房、2014年。

第8章

教員制度と法

はじめに

　現在教員には「使命感や責任感、教育的愛情、教科や教職に関する専門的知識、実践的指導力、総合的人間力、コミュニケーション能力」等の不易の資質能力とともに、高度専門職業人として「自律的に学ぶ姿勢を持ち、時代の変化や自らのキャリアステージに応じて求められる資質能力を生涯にわたって高めていくことのできる力」や、「情報を適切に収集し、選択し、活用する能力や知識を有機的に結びつけ構造化する力」、「新たな課題等に対応できる力」、「チームの一員として組織的・協働的に諸課題の解決のために取り組む専門的な力」等、多様な力が求められている。これらの力は教員自身の学びを通じて得られるものであり、それゆえ、現在の教員制度改革は教員の学びに焦点が当てられている。本章ではこのような制度改革の焦点を踏まえ、教育基本法（以下、教基法）の教員に関する規定を説明したのち、教員をめぐる諸制度（養成、任用、異動、服務、研修、労働法制）及び教員制度改革の動向を概説する。なお、本章では主として公立学校の教員の制度を対象とする。

I　教員と教育基本法

　2006年12月に教基法が全面的に改正され、旧法第6条第2項に規定された教員の規定が第9条に独立して設けられた（**表8-1**参照。下線部は新法で加わった文言を指す。）。第1項の「絶えず研究と修養に励」むとの文言は、もともと公立学校教員を対象とする教育公務員特例法（以下、教特法）にあったが、「国・公・私立学校の別なく（中略）資質向上を図ることの必要性」から、日本における教育の基本的理念を定める教基法に盛り込まれた。第2項では旧法と同様に待遇の適正が規定され、あわせて養成と研修の充実が謳われた。

表8-1　教育基本法第9条の教員の規定

第1項	法律に定める学校の教員は、自己の崇高な使命を深く自覚し、絶えず研究と修養に励み、その職責の遂行に努めなければならない。
第2項	前項の教員については、その使命と職責の重要性にかんがみ、その身分は尊重され、待遇の適正が期せられるとともに、養成と研修の充実が図られなければならない。

出典：教育基本法第9条をもとに筆者作成。

　以上のように教基法には教員が自ら学ぶことや学びを促す環境整備の必要が明記された。以降、例えば中央教育審議会「今後の教員養成・免許制度の在り方について（答申）」(2006年)では、教職実践演習の導入、教職大学院の創設、教員免許更新制の導入等、教員の資質向上をねらった制度が提起されており、いずれも関係法令の改正によって実現に至っている。

　教基法において教員に直接関わる規定は第9条のみであるが、第17条第1項の「教育の振興に関する施策についての基本的な方針及び講ずべき施策その他必要な事項について」の「基本的な計画」、いわゆる教育振興基本計画（第3期計画、2018〜2022年度、2018年6月15日閣議決定）では「養成、採用、研修の充実や、魅力ある優れた教師の確保・資質能力の向上を進める[3]」とされ、養成、採用、研修毎の資質向上策が**表8-2**の通り記載されている。なお、第17条第2項では地方公共団体が上記計画を参酌して地域の実情に応じた教育振興の施策に関する基本計画を定める努力義務が規定されており、2018年3月31日現在の策定

表8-2　第3期教育振興基本計画における段階別の教員の資質向上の取組

養成	・外国語教育、道徳教育等の充実や主体的・対話的で深い学びの視点からの授業改善の推進、特別支援教育の推進等へ対応した教員養成 ・学校インターンシップの導入 ・教職大学院の充実
採用	・教員採用試験の共同作成に関する検討 ・特別免許状の活用等による多様な人材確保
研修	・独立行政法人教職員支援機構や独立行政法人国立特別支援教育総合研究所によるオンラインを通じた研修教材の提供の推進 ・現職研修における校内研修やチーム研修の推進 ・大学、教職大学院等との連携 ・初任者研修と2、3年目研修との接続の促進 ・マネジメント力の強化のための管理職研修

出典：第3期教育振興基本計画を参照して筆者作成。

状況は、都道府県（47）、政令指定都市（20）、中核市（54）は100％、市区町村は1394（81.1％）となっている。[4]地方公共団体によってはこの計画に独自の教員の資質向上の施策を明記している。

2 教員の免許状と養成

　学校（幼稚園、小学校、中学校、義務教育学校、高等学校、中等教育学校、特別支援学校、幼保連携型認定こども園）の教員になるためには学校種、教科に応じた免許状が必要である（相当免許状主義）[5]。免許状の種類や修得すべき科目・単位数、効力、失効等は教育職員免許法（以下、教免法）に規定されている。なお、教員養成には「大学における教員養成」「開放制の教員養成」という戦後に生まれた2つの原則がある。前者は、多様な人材を求めることをねらいとして大学で教員養成を行う原則であり、後者は、教員養成を目的とする学部以外でも文部科学大臣に認められた教員免許状取得の課程（＝教職課程）を履修すれば免許状を取得できる原則である。これらの原則により、教員免許状の取得のためには大学が関与することになっている。

　教員免許状は普通、特別、臨時の3種があり、前二者は10年、後者は3年有効である（第9条）。普通免許状は専修、一種、二種の3種があり、それぞれ修士、学士、短期大学士の基礎資格に加え、教職課程のある大学で所定の単位を修得し、都道府県の教育委員会（以下、教委）に申請することで授与される（第5条、第5条の2関係）。大学の養成カリキュラムは、たとえ同一免許状であっても養成の理念、学部・学科の専門性により異なっている。特別免許状は社会人登用のための免許状、臨時免許状は普通免許状を有する者を採用できなかった場合に発行される免許状であり、いずれも都道府県教委が実施する教育職員検定に合格した者に授与される（第5条第3項、第6項）。

　発行される免許状の大半は普通免許状であり、それゆえ教員養成のプロセスはほぼ大学での免許状取得のプロセスを意味する。近年ではより質の高い教員養成のため免許状取得のハードルを上げる様々な改革がなされてきた。例えば、2008年教免法施行規則改正により教職実践演習が新設され、あわせて履修カルテの作成が奨励された。また、2016年教免法改正、2017年同法施行規則の改正により、小学校の外国語教育、ICT を用いた指導法、特別支援教育、アクティブ・ラーニングの視点に立った授業改善、学校と地域との連携、チーム

学校への対応等の内容を教職課程科目の教育内容に加えることになった。さらに、かつては教職課程科目の目標や内容の設定は大学に相当の裁量があったが、2017年に教員養成に関わる関係者により教職課程コアカリキュラム、外国語（英語）コアカリキュラムというスタンダードが作成され、それらを大学は参照することになっており、全国の教職課程の均質化が進められている。

③　教員の任用と異動、給与

　教員の任用については教特法と「地方教育行政の組織及び運営に関する法律」（以下、地教行法）に定められている。教員の採用、昇任は選考によるものとなっており、選考は任命権を持つ教委の教育長が行う（教特法第11条）。そして選考の結果を踏まえて教員候補者を教育長が推薦し、教委が任命する（地教行法第34条）。採用された教員は、条件附任用となり、1年間の職務の状況を見て正式任用となる（教特法第12条第1項）[6]。

　ところで、学校教育法（以下、学校法）では公立学校の管理や経費負担を学校を設置した地方公共団体に負わせている（設置者管理主義、設置者負担主義）（第5条）。この原則に従えば、上記の任用プロセスは1つの地方公共団体内で完結することになる。しかし、市町村財政上、教員の給与は非常に重い負担となるため、市（政令市除く）町村立の小学校、中学校、義務教育学校、中等教育学校の前期課程、特別支援学校及び高校の定時制課程の教員の給与は例外的に都道府県が負担し（市町村立学校職員給与負担法第1条、第2条）、これに該当する教員（県費負担教職員）の任命権は都道府県教委に与えられている（地教行法第37条第1項）。つまり、上記の教員は都道府県教委に任命され、市町村立学校で勤務する[7]。市町村教委の役割はその教員の服務監督である（同法第43条第1項）。都道府県立学校及び政令市の設置する学校の教員の場合、任命及び服務監督の両権限とも当該地方公共団体の教委が有する。

　なお、法令上「義務教育諸学校」と呼ばれる公立小学校、中学校、義務教育学校、中等教育学校の前期課程並びに特別支援学校の小学部及び中学部の教員の給与、報酬等の実支出額のうち3分の1は国が負担することになっている（義務教育費国庫負担法第2条）。これは義務的経費である義務教育費の一部を国が担い、教育の機会均等とその水準の維持向上を実現するためである。

　教員の異動は任命権を有する都道府県・政令市教委の人事異動の方針に従い

決定される。ただし、県費負担教職員の所属する学校の校長は任免に関する意見を市町村教委に申し出ることができ（地教行法第39条）、その意見を付して市町村教委は都道府県教委に内申を行い、各市町村教委の内申を勘案して都道府県教委が決定することになる（同法第38条関係）。

　異動に関しては、教員の公募制、FA 制という独自の制度を実施する教委もある。公募制は教委や校長が力を入れたい教育や学校経営管理念等を示し、教員の公募を行う制度、FA 制は一定の経験を有する教員が自らの専門分野、特技等を公表し、転任先を募る制度である。2015年 4 月 1 日現在、公募制は26県市、FA 制度は 3 県市が導入し、これらを活用して同年度それぞれ985人、104人が異動している（平成26年度公立学校教職員の人事行政状況調査）。

4　教員の服務と研修

　公立学校に勤務する教員は地方公務員としての身分を有し、地方公務員法（以下、地公法）やその特別法である教特法等に定められる義務を守らなければならない。この義務を服務と言い、① 職務上の義務（職務遂行にあたり守るべき義務）、② 身分上の義務（教員たる身分を有する限り当然守るべき義務）に分けられる（表8-3参照）。政治的行為については、公教育に携わる教育公務員の職務の特殊性から、国家公務員並みの制限が課せられている。

　学校においては校長が校務掌理権及び職員の監督権を有している（学校法第37条第 4 項）。校務とは学校における仕事一切のことであり、校長は学校の職員に対して校務を分担させることになる。教諭は教育をつかさどることになっており（同法第37条第11項）、その他上記の割り当てられた職務を担う。校務の割り

表 8 - 3　教員の職務上の義務と身分上の義務

職務上の義務	服務宣誓（地公法第31条） 法令や上司の職務上の命令に従う義務（地公法第32条、地教行法第43条第 2 項） 職務に専念する義務（地公法第35条）
身分上の義務	信用失墜行為の禁止（地公法第33条） 秘密を守る義務（地公法第34条第 1 項） 政治的行為の制限（教特法第18条、国家公務員法第102条） 争議行為等の禁止（地公法第37条第 1 項） 営利企業への従事制限（地公法第38条第 1 項） 兼職・兼業（教特法第17条第 1 項）

出典：関係法令をもとに筆者作成。

当ては「校務分掌」と呼ばれる（同法施行規則第43条）。

　そのほか、学校では充当職として教務主任、学年主任、生徒指導主事、進路指導主事、保健主事を置くことになっており（同法施行規則第44、45、70、71条関係）、地方公共団体の定めにより教委又は校長が職員のうちから命ずる。これら主任等は校務分掌組織や学年の教員組織のリーダーとして円滑な学校経営を行う上で重要な役割を果たす。これに関連し、2007年の学校法改正により、上記の主任の職務を担う「主幹教諭」や教員の指導の改善を担う「指導教諭」が生まれている（同法第37条第9項、第10項）。

　教員はその職責ゆえ、教特法で研究と修養の義務が定められている（第21条第1項）。また、1年間の条件附任用の期間に実施される初任者研修（第23条第1項）、「公立の小学校等における教育に関し相当の経験を有し、その教育活動その他の学校運営の円滑かつ効果的な実施において中核的な役割を果たすことが期待される」中堅教諭としての資質向上をねらいとする中堅教諭等資質向上研修（第24条第1項）を受ける必要がある。また、指導改善の必要な教員は1年を超えない期間、指導改善研修を受ける（第25条関係）。

　これらの義務的な研修と同時に、絶えず学びの必要な職業である性格上、研修の機会も保障されている。すなわち、教員には研修を受ける機会が与えられなければならず（第22条第1項）、教員は授業に支障のない限り、本属長の承認を受けて勤務場所を離れて研修を行うことができる（同条第2項）。また、現職のままで長期研修を受けることもできる（同条第3項）。

5　教員の労働法制

　労働基準法（以下、労基法）では、労働者の労働時間の上限を1週間40時間、1日8時間と定めている（第32条）。そして同法では時間外労働における割増賃金の規定を設けているが（第37条）、義務教育諸学校の教員にはこの規定が適用がなされないことになっている。具体的には、「公立の義務教育諸学校等の教育職員の給与等に関する特別措置法」（以下、給特法）により教員には給料月額の4％の額（教職調整額）が支給され、一方時間外勤務手当及び休日勤務手当は支給されないことになっている（第3条第1項、第2項）。そして、時間外勤務を命じられるのは臨時又は緊急のやむを得ない必要がある場合の「超勤4項目」（①校外実習その他生徒の実習に関する業務、②学校の行事に関する業務、③職員会議に関

する業務、④非常災害の場合、児童又は生徒の指導に関し緊急の措置を必要とする場合その他やむを得ない場合に必要な業務）に限られる（第 6 条、公立の義務教育諸学校等の教育職員を正規の勤務時間を超えて勤務させる場合等の基準を定める政令第 1 号、第 2 号）。

　このように教員の労働法制では時間外勤務を例外としているが、実態として長時間労働がなされており、にもかかわらずそれに対する規制がなされていない。文部科学省は勤務時間管理の徹底、業務の役割分担・適正化、「公立学校の教師の勤務時間の上限に関するガイドライン」（2019 年）に基づく取組を各地の教委に求めるなど、働き方改革を進めており、各地の教委、学校もそれに基づく様々な取組を推進している。

⑥　「学び続ける教員像」と制度改革

　これまで教員制度について概説してきた。最後に、教員の学びに焦点を当てた教員制度改革の動向に触れたい。2012 年の中央教育審議会「教職生活の全体を通じた教員の資質能力の総合的な向上方策について（答申）」では、「学び続ける教員像」の確立を目指すとしているが、このような教員の学びを当たり前のものとして位置づけるような改革が進められている。

　第 1 に、教員免許更新制である。かつて教員免許状は一旦取得すると永久に有効であったが、2007 年の教免法改正により 10 年間の期限が設けられ、あわせて大学等が実施する 30 時間以上の免許状更新講習を受けることで更新できるようにした（第 9 条の 2、第 9 条の 3 関係）。これが教員免許更新制度である。近年ではこの講習と中堅教諭等資質向上等研修との重複を解消するため、研修の一部を講習に読み替えできるようにした教委もある。

　第 2 に、高度専門職業人としての教員の養成に特化した専門職大学院である教職大学院が 2007 年より開始された。標準修業年限 2 年間で 45 単位以上の修得が必要になるが、実践的な指導力の強化のため、10 単位以上を学校等における実習とすることが特徴である（専門職大学院設置基準第 29 条）。2019 年度 54 大学（国立 47 校、私立 7 校）が設置し、定員数は 2045 人となっている。今後も教員養成の高度化が進むと予想されるが、その受け皿としての大学院の整備は十分に進んでいるとは言い難い。一方、2019 年度の定員充足率は 80.3％となっており、教職大学院に対するニーズの検討が必要になっている。

　第 3 に、教員育成指標の作成とそれに基づく養成、研修である。教員の資質

向上のため養成、採用、研修の一体化をなす必要があることから、2017年教特法改正により、都道府県・政令市教委や大学等によって構成される協議会が「校長及び教員の職責、経験及び適性に応じて向上を図るべき校長及び教員としての資質に関する指標」（教員育成指標と呼ばれる）を作成し、任命権者はそれを踏まえた教員研修計画を定めることとなった（第22条の3、22条の4、22条の5関係）。各地の都道府県・政令市教委は教員の成長段階毎の必要な力量を明確にした独自の教員育成指標を作成しており、研修体系の改善を図っている。

おわりに

本章では教員制度を概説するとともに、教員の学びに焦点を当てた制度改革の動向を説明してきた。2006年の教基法改正以降、教員の学びに焦点を当てる制度改革が進展し、現在では「学び続ける教員像」の確立が標榜されている。このような学びの必要性は疑いようもないが、一方、学校の課題が多様化する中、学びのニーズは多様化している。ニーズに対応した学びの環境が必要であるが、現在のところそのような環境が十分に整備されているとは言えない。また、教員の長時間労働の問題は質の高い学びを達成する上で避けて通れない問題であり、その改善が強く望まれる。教員の質の高い学びのための制度改革とそれを可能とする環境の改善とは同時に検討される必要があり、それらの動向について今後一層注視する必要があろう。

演習問題

1. あなたが教員として働きたい都道府県、政令指定都市の教育に関する基本計画に教員に関する施策がどのように書かれているのか調べてみましょう。
2. あなたが教員として働きたい都道府県、政令指定都市の教員育成指標では初任者にどのような力が求められているか調べてみましょう。
3. 教員としての力量を伸ばすためにはどのような学びが必要か、考えてみましょう。

注

1）中央教育審議会「これからの学校教育を担う教員の資質能力の向上について ～学び合い、高め合う教員育成コミュニティの構築に向けて～（答申）」2015年。
2）中央教育審議会「新しい時代にふさわしい教育基本法と教育振興基本計画の在り方について（答申）」2003年。

3 ）『教育振興基本計画』（2018年 6 月15日閣議決定）、81頁。

4 ）文部科学省ウェブサイト：http://www.mext.go.jp/a_menu/keikaku/doc.htm （2019年
10月22日確認）。

5 ）幼保連携型認定こども園の場合、保育教諭は幼稚園教諭免許状と保育士資格を有する
ことが原則となっている。

6 ）一般の公務員の場合は半年間である（地公法第22条第 1 項）。教員も1988年まで同様
だったが、その後長期の研修の必要から 1 年間となった。

7 ）なお、2006年に地方分権改革の影響を受け市町村立学校職員給与負担法が改正され、
市町村教委も教員を独自に選考、任用できるようになった。ただし、教員数全体で見れ
ば多いとは言えない。

参 考 文 献

朝日新聞教育チーム『いま、先生は』岩波書店、2011年。

佐藤学『教師花伝書』小学館、2009年。

コラム5

▶「チーム学校」の在り方を考える

　教員の多忙と長時間勤務は、現代日本の教育問題の一つである。経済協力開発機構（OECD）が2018年に行った国際教員指導環境調査（TALIS）では、調査に参加した48か国・地域のうち、日本の小中学校教員の1週間当たりの仕事時間は最長であった。「教諭は児童の教育をつかさどる」（学校教育法第37条）のであるが、実際にはその業務は余りにも広く、伴うその責任は余りにも重い。

　それに加えて、新しい学習指導要領では、アクティブ・ラーニングの視点を踏まえた指導方法や、探究的な学習に関わる指導実践を含む授業改善が求められることになり、教員の業務はまた際限なく膨張する様相を見せている。こうした状況において、教員の抱える業務の多さはすでに限界を超えているという事実にどう対応するかが、「チーム学校」構想の出発点である。

「チーム学校」の理念

　中央教育審議会は、2015年12月、「チームとしての学校の在り方と今後の改善方策について（答申）」を公表した。「チームとしての学校（以下、チーム学校）」とは、2020年度からスタートする「社会に開かれた教育課程」への学校の対応力の強化と、教員が学習指導や生徒指導に集中できる体制整備を目的とした、学校改善の方策をモデル化したものである。

　答申は、「教員と多様な専門性を持つ職員が一つのチームとして、それぞれの専門性を生かして、連携・分担することができるよう、管理職のリーダーシップや校務の在り方、教職員の働き方の見直しを行うことが必要である。[1)]」として、「チーム学校」を実現するための3つの視点を示し、学校のマネジメントモデルの転換を求めている。

① 専門性に基づくチーム体制の構築（教員それぞれが得意分野を生かした教育活動を学校の中でチームとして担う体制を充実させること、心理や福祉等の専門スタッフを学校の教育活動に位置付けること）

② 学校のマネジメント機能の強化（校長がリーダーシップを発揮し、教職員や専門スタッフ等の組織をチームとして機能させること）

③ 教員一人一人が力を発揮できる環境の整備（人材育成・人事評価を充実させること、業務環境等の改善を進めること）

　こうした「チーム学校」が機能するためには、校長のリーダーシップがこれまで以上に重要である。すでに各地の教育委員会では、管理職を対象としたマネジ

メント力向上のための研修が開催されている。

「チーム学校」における役割分担

「チーム学校」では、事務職員、養護教諭、栄養教諭などを含む教職員の協働体制に加えて、多様な専門性を持つスタッフの参画が想定されている。そうした専門スタッフには、学校内でどのような役割を期待されているのだろうか。

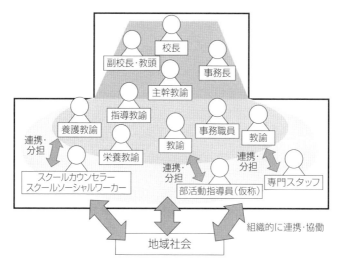

図 1 「チームとしての学校」像（イメージ図）

出典：中央教育審議会「チームとしての学校の在り方と今後の改善方策について（答申）」
2015年12月21日、14頁。

　スクールカウンセラーは、学校での子どものカウンセリングや心のケアをする専門スタッフである。スクールカウンセラーとして働くためには、臨床心理士や精神科医の資格を持つなど、高度な専門性を示す条件を満たす必要がある。配置された学校では、子どもの情報を教員と共有し対応策を考える。教室まで登校できない子どもには、別室での学習の見守りや家庭訪問等も行う。近年は、いじめや不登校の背景や原因が複雑化しているが、スクールカウンセラーの活動によって解決の糸口が見つかる事案も増えている。

　スクールソーシャルワーカーは、児童生徒や保護者を環境・福祉面から支える専門スタッフである。スクールソーシャルワーカーになるためには、原則として、社会福祉士、精神保健福祉士、臨床心理士などの資格を有すること、または

教育と福祉の両面に関して専門的な知識・技術を有することが求められる。スクールソーシャルワーカーは、学校や教育委員会を拠点にして、行政・医療・福祉の関係機関と連携し、問題を抱える子どもや保護者を解決に導くための「橋渡し」の役割を担う。子どもや保護者から相談を受けるほか、学校での子どもの態度や持ち物の様子から、生活環境における変化に気づくことも大切な仕事である。

　部活動指導員は、部活動におけるスポーツ、文化、科学等に関する技術的な指導に従事する専門スタッフである。技術指導や学外への引率を顧問に代わって行うことで、教員の負担軽減を図る。2017年度から法令に位置づけられ、民間事業者への業務委託も始まっている。

　授業等で教員を支援する専門スタッフとしては、ICT（Information and Communication Technology）支援員、学校司書、外国人指導助手（Assistant Language Teacher）、補充学習や発展的な学習の実施のためのサポートスタッフ（退職教職員や学生等）などが想定されており、その活用や研修のための財政措置が講じられている。

　特別な支援を必要とする子どもについては、学校生活に必要な介助や支援を行うサポートスタッフとして、特別支援教育支援員の活用が進んでいる。特別支援教育支援員には必ず有すべき資格等の定めはなく、各教育委員会が支援を必要とする子どもの状態に応じて雇用し配置する。

　また、地域社会との協力体制として、コミュニティ・スクール（学校運営協議会制度）の導入と地域学校協働活動促進員（地域コーディネーター）との連携、警察や消防など関係諸機関との連携なども有効であると考えられている。

今後の課題

　最後に、「チーム学校」について、今後の課題をいくつか指摘しておきたい。

　第1に、「チーム学校」の継続的な運営には、専門スタッフの養成と処遇の安定を図るための制度の拡充や財政支援が必要である。また、学校と専門スタッフをつなぐための効率的な人材確保ネットワークの整備が望まれる。

　第2に、学校や教員への過度な期待や要請を抑制する仕組みが必要である。文部科学省や教育委員会は、学校や教員の役割を選別し教員の負担を軽減するためのフィルターとしての機能を担い、学校・家庭・地域に各々の役割を見直すよう働きかけるべきであろう。

　第3に、「チーム学校」への移行には、一定程度の時間と多くのエネルギーが

必要であることを、学校と保護者・地域が理解する必要がある。[2] 新しい協働体制を構築するにあたっては、多様な立場にある関係者間での相互理解と情報交換とが不可欠である。

　これまで見てきたように、教員の業務整理は教員の専門性の見直しでもある。「チーム学校」答申は、教員の本来的な業務とそれ以外の業務についての分類・仕分けを促進する契機を提供したが、そのテーマは中央教育審議会「働き方改革」答申にも引き継がれている。[3] これからの学校教育において、意欲と能力のある人材を確保するためにも、教員が専門性を発揮できる教育環境をどのように整備していくかが追究されなくてはならない。

注

1 ）中央教育審議会「チームとしての学校の在り方と今後の改善方策について（答申）」2015年12月21日、12頁。http://www.mext.go.jp/b_menu/shingi/chukyo/chukyo 0 /toushin/1365657.htm（2019年10月31日アクセス）。

2 ）貞弘斎子「チーム学校と校長の役割〜多様な専門性の協働を実現するマネジメント〜」『教育時評』No.40、学校教育研究所、2016年、19頁。

3 ）中央教育審議会「新しい時代の教育に向けた持続可能な学校指導・運営体制の構築のための学校における働き方改革に関する総合的な方策について（答申）」2019年 1 月25日、28〜36頁。http://www.mext.go.jp/b_menu/shingi/chukyo/chukyo 3 /079/sonota/1412985.htm（2019年10月31日アクセス）。

参 考 文 献

新教育課程ライブラリ Vol. 6 『「チーム学校」によるこれからの学校経営』、ぎょうせい、2016年。

『教育時評』第42号「特集　チームとしての学校をめぐって」、（一般財団法人）学校教育研究所、2017年。

第9章

社会教育・生涯学習と法

はじめに

　本章では、今日の社会教育行政、生涯学習振興行政とその法的基盤について概観する。まずその前提として、今日においてやや混乱が見られる「社会教育」と「生涯学習」という2つの語について概念的に整理する必要があろう。

　「社会教育」は一般に「学校教育以外の組織的な教育」のことを指す。これに対して、「生涯学習」は学校教育や社会教育における学習活動、またそれ以外の組織的でない学習活動をも包括する概念である。[1]

　さらに、「社会教育行政」「生涯学習振興行政」の使い分けにも留意する必要がある。「社会教育行政」は字義通り社会教育を推進する行政であるが、「生涯学習振興行政」については、中央教育審議会答申「新しい時代を切り拓く生涯学習の振興方策について──知の循環型社会の構築を目指して──」（2008年）の表現に沿えば、社会教育行政、学校教育行政、一般行政部局の学習関連施策、さらには民間の学習事業などを総合的に調和・統合させることがその「固有の領域」とされている。ただし同答申で「生涯学習振興行政において社会教育行政は中核的な役割を担うことが期待されている」とも述べられているように、現実にはこの二つの「行政」には重複する部分が多い。

　「社会教育」と比較して、「生涯学習」は、包括性、総合性を重視したややわかりにくい概念である。また単に概念のわかりにくさだけでなく、例えば自治体行政の部署名において、実質上は社会教育行政を担当しているが名称は「生涯学習課」である、といったケースが非常に多い。このように、実際の用語の使われ方の混乱や曖昧さが見られることにも留意しながら、社会教育行政、生涯教育振興行政とそれを支える法的基盤について理解していく必要がある。

1　社会教育・生涯学習振興と教育基本法

　教育基本法では、第12条第 1 項で「社会において行われる教育」、つまり社会教育の奨励が国・自治体の責務として規定されている。2006年の改正では、「個人の要望」「社会の要請」という、社会教育行政の根拠となるニーズが新たに明示された。「個人の要望」「社会の要請」はいうまでもなく、社会教育学・社会教育行政で一般に用いられる「要求課題」「必要課題」という語に各々対応している。この規定は、学習機会の提供がいずれか一方のみに偏してはならないという社会教育行政の原則を明示したものと捉えられる。

　では、生涯学習振興については教育基本法でどのように言及されているだろうか。同法改正時に新設された第 3 条では、「その［国民一人一人の］生涯にわたって、あらゆる機会に、あらゆる場所において学習することができ、その成果を適切に生かすことのできる社会の実現が図られなければならない」とされている。また、同じく改正時に新設された第13条（学校、家庭及び地域住民等の相互の連携協力）では、学校・家庭・地域住民が教育におけるそれぞれの役割と責任を自覚し、相互の連携協力に努めることを求めている。

2　社会教育・生涯学習振興と関係法規

1　社会教育行政の法的基盤

　上に見たように、教育基本法では社会教育の奨励、生涯学習振興という行政の責務が規定されているが、これらの規定は大まかに行政のあるべき姿勢を示すに留まるものである。社会教育行政の具体的な基盤となっているのは、1949年に公布・施行された社会教育法であり、社会教育行政の性格を把握する上ではこの法律についての理解が不可欠である。

　ただし、社会教育法は社会教育行政に関連する事項を網羅的に規定したものではない。例えば社会教育施設に関する同法の中の詳細な規定は、戦後設置が進んだ公民館に関してのみであり、戦前からの歴史を持つ図書館、博物館については図書館法（1950年）、博物館法（1951年）で詳細に規定されている。この他にも、文化芸術に関する施策の総合的・計画的な推進を目的とした文化芸術基本法(2017年)、スポーツ関連施策の総合的推進を目的としたスポーツ基本法(2011

年）なども、社会教育行政の事業内容に関連する法律としてあげられる。ちなみに、生涯学習振興行政については、1990年代初頭に「生涯学習」が教育改革の重要なキーワードとなっていたことを背景として、都道府県における総合的な推進体制整備などを目的に制定された生涯学習振興法（生涯学習の振興のための施策の推進体制等の整備に関する法律、1990年）がある。ただし、そもそもこの法律が対象として想定する事業内容が抽象的・拡散的で、かつ条文のほとんどは努力規定に留まっていることもあり、実際には行政現場にほとんど影響を与えていない。

2　社会教育法の対象範囲と市町村、都道府県、国の役割

　次に、社会教育法における重要な条文についての把握を通して、社会教育行政の基本的性格を確認したい。

　同法は、「学校の教育課程として行われる教育活動を除き、主として青少年及び成人に対して行われる組織的な教育活動」（第2条）と「社会教育」を定義づけ、この社会教育に対する行政の任務の詳細を規定するものとなっている。実際に社会教育行政が行う施策は、講座・教室の開催など直接的な学習機会提供の施策と、補助金交付、施設の整備・管理・運営、指導者養成、振興計画策定などの間接的な支援施策とに分けられる。戦後の社会教育行政ではこのいずれについても、「環境醸成」を基本理念としてきた。社会教育法第3条には「国及び地方公共団体は、［……］すべての国民があらゆる機会、あらゆる場所を利用して、自ら実際生活に即する文化的教養を高め得るような環境を醸成するように努めなければならない」と規定されている。これは社会教育行政の役割が、あくまで自発的に人々が展開する教育・学習活動に対する支援・促進であり、その自発性を損なうものであってはならないことを規定したものである。

　同法第5条では市町村教育委員会が「当該地方の必要に応じ、予算の範囲内において」諸種の講座等の開設、施設の設置・管理など直接的・間接的支援双方に関わる様々な事務を行うことが規定されており、市町村での施策こそが社会教育行政の基礎として重視されてきた。実際、社会教育行政を有効に機能させるには、地域住民のニーズや地域特性に柔軟に対応する必要があり、その意味では社会教育行政はかなり分権化された性格を戦後初期から有していた。

　都道府県教育委員会は、講座・教室開催などの直接的支援施策も行うが、その主たる役割は、研修に必要な施設の設置・運営、社会教育施設の設置・運営

に必要な物資の提供、市町村教委との連絡など（社会教育法第6条）、市町村を補完する間接的な学習支援事業にある。また国レベルについては、「社会教育の振興に関する企画及び立案並びに援助及び助言に関すること」「社会教育のための補助に関すること」などが文部科学省設置法第4条の中で規定されているが、基本的にはやはり間接的な支援施策が主となっている。

3　社会教育行政の基本原則

　社会教育法第3条の提示する「環境醸成」の理念は、積極的な行政の働きを求める規定、および、行政の働きに制約を課し社会教育における自由を担保する規定、という形で同法の他の条項でより具体化されている。

　積極的な行政の働きとしては、前述の直接・間接的な支援施策に加えて、それらを支える専門的人材の保障として、教育委員会事務局への社会教育主事の設置義務が特に重要である（社会教育法第9条の2）。社会教育主事は、指導主事と並ぶ専門的教育職員と位置づけられ（教育公務員特例法第2条第5項）、「社会教育を行う者」（社会教育施設職員や社会教育関係団体における指導者等が主に想定されている）への専門的技術的な助言と指導を通して社会教育の奨励を行うことが求められている（社会教育法第9条の3第1項）。

　他方、行政の働きを制約する規定の例としては、「求めに応じた」助言・指導が挙げられる。社会教育主事が「社会教育を行う者」に与える専門的技術的助言・指導、文部科学大臣や教育委員会が社会教育関係団体に与える専門的技術的指導・助言は、あくまで「求めに応じて」行われるものとして規定されている（同法第9条の3第1項、第11条第1項）。また社会教育主事による「社会教育を行う者」への命令・監督や、国・自治体による社会教育関係団体への不当な統制的支配、事業への干渉は禁じられている（同法第9条の3第1項、第12条）。これらの規定は、公権力によるイデオロギー注入の性格が濃厚であった戦前の社会教育行政に対する反省として設けられたものである。また、社会教育関係団体に自治体が補助金を交付する際には、社会教育委員の会議など（国の場合は政令で定められた審議会など）の意見を聴くことが義務付けられている。この規定は、補助金を通して行政が民間団体である社会教育関係団体の活動を統制しないよう、行政外部によるチェック機能を制度化したものである（同法第13条。「Support but No Control」の原則と呼ばれる）。

　社会教育行政は以上のように、「環境醸成」の理念に則り人々の自発的な学

習活動を助長する役割をその基調としている。しかし一方で、社会教育行政の公共性、中立性を保つために、規制作用も一定程度度有している。具体的には、公民館においてもっぱら営利を目的とした事業や、特定の政党の利害に関する事業等を禁止する規定（社会教育法第23条第1項第1号、第2号）、特定の宗教等の支持・支援を禁止する規定（同法第23条第2項）が挙げられる。

3　社会教育行政・生涯学習振興行政の位置づけの揺らぎ

　社会教育行政は上記のような法的基盤を有しているが、実際にはその法的基盤は十分に機能しているとはいえない。特に、社会教育事業の質に直結する職員配置の現状は深刻である。例えば、社会教育主事の教育委員会事務局への必置規定は、違反に対する罰則が存在しないこともあって実際には厳守されておらず、特に派遣社会教育主事給与に対する国からの助成が廃止された1998年以降、設置率が大幅に低下していった。また、公民館に置くことができる主事（社会教育法第27条第1項。法律上は「主事」であるが、「公民館主事」と呼ばれることが多い。）は、図書館における司書や博物館における学芸員とならぶ専門的職員とされることもあるが、実際にはその専門性に関する規定は特に存在せず、またそもそも公民館の大多数が、専任の主事を配置していない。

　第二次大戦後の社会教育行政は前述の通り、地域の実情に応じて施策の詳細は市町村の裁量に委ねるという分権的性格を保ってきた。そのことは自治体が独創的な事業を展開できる背景となってきたが、他方、社会教育に関する理解が十分でない自治体においては財政悪化に伴ってなし崩し的に職員、施設、事業費等が削減される背景ともなってきた。社会教育主事未設置の問題に代表されるように、建前上は地域の実情に応じた「柔軟」な施策であっても、実際は社会教育を支える制度的基盤の縮小にすぎない、という例は枚挙に暇がない。

　社会教育に対する自治体首長や職員（さらには住民）の理解の低さは、1980年代以降、行政が社会教育に関わること自体に対して批判がなされてきたという経緯とも関わっている。その典型例としては、自発的学習活動への支援に行政が「教育」という論理に基づいて関わることの意義はすでに失われていると主張する、松下圭一のいわゆる「社会教育終焉論」が挙げられる。

　近年では、自治体における社会教育行政の位置づけはさまざまな側面でさらに流動的になりつつある。まず学校教育との関係で見れば、社会教育行政がそ

の存在意義をわかりやすく示すため、学校支援ボランティアの育成など、「学校」「子ども」に関わる事業を重視する傾向が各地で見られるようになってきた。法令の面で見ても、2000年代後半以降の社会教育法のいく度かの改正により、学校と地域の連携の促進が社会教育行政の役割として強調されていった。[7] このような変化は、学校と地域の多様で豊かな関係を築く基盤となる可能性を有するが、その反面、社会教育という視点に含まれる幅広い教育・学習の捉え方を、「学校」「子ども」へと限定しかねない側面も有しているといえよう。

　また一般行政部局との関係でみても、近年の自治体財政難を背景として、公民館がコミュニティセンターへと改組される事例が各地で多く見られるようになってきた。[8] 一般行政部局の施策との連携をより深めるため、社会教育施設の管理・運営、さらには社会教育行政の事務を、補助執行という形で一般行政部局が行う自治体も現れている。[9] このような動向は、まちづくり、住民自治振興との連携の強化というメリットにつながる一方で、目に見える「成果」が過大に要求され、住民の学習プロセスを大事にする社会教育事業の取り組みが軽視されるデメリットも生み出す可能性がある。

　さらには、社会教育行政と民間事業者の間の境界の流動化の例として、2000年代以降各地で進められている社会教育施設への指定管理者制度導入が挙げられる。この制度では NPO や民間企業も指定管理者となることが可能であり、民間のノウハウを生かした施設経営の利点が着目されている。しかし、利益をあげにくい社会教育施設の特性を考慮せず単に効率化のために制度が導入されるケースも多く、その場合、結果として施設機能の低下を招きがちである。[10]

　これらの動向に見る社会教育行政の位置づけの揺らぎはいずれも、社会教育行政の存在意義が自治体の中で適切に理解されない結果、重点的事業のシフトや事業規模縮小を余儀なくされている、という共通の構造を有している。[11]

おわりに

　上述のような様々な課題を抱えている社会教育行政には現在、2つの観点から見た役割の明確化が求められているといえる。第1には、公金投入に見合った明確な公共的課題（＝必要課題）の解決に資する事業の展開である。しかし、この点だけをむやみに強調すると、活用可能な学習成果が得られることばかりが重視され、その成果に至るまでの人々の学習プロセスの重要さを見落として

しまいかねない。したがってこの第1の点を踏まえつつも、第2の観点として、人々の自発的な学習活動の活発化をめざし、あくまでその結果として課題解決が成されるべきであるという考え方や、それらの学習活動に対して行政の支援の存在が不可欠であるという考え方が重要になってくる。このような理解は、社会教育行政職員だけが有していれば十分なのではなく、首長を始めとする自治体職員、地域住民もその理解を共有できるよう、常に社会教育行政職員が情報発信していくことが求められるだろう。

| 演習問題 |

1．教育基本法、社会教育法によって示された社会教育行政の基本的理念について、まとめてみよう。
2．身近な自治体において設置されている社会教育施設や、そこで行われている社会教育事業について調べてみよう。
3．専門的教育職員としての社会教育主事は、具体的にどのような職務に携わっているか、身近な自治体を例にして調べてみよう。

注

1）1960年代末以降、日本ではユネスコの提言した「生涯教育」概念の紹介がすすんだが、「生涯教育」という語の強制的なイメージを払拭し「学習者の自発性」を尊重するという観点から、1980年代において（特に臨時教育審議会以降）「生涯学習」を使うことが一般的になっていった。

2）ただし、社会教育法施行令附則（1959年）の規定により、1万人未満の町村に関しては設置義務について「当分の間」猶予が与えられている。

3）自治体が社会教育委員を委嘱する際に参酌すべき基準としては、「学校教育及び社会教育の関係者、家庭教育の向上に資する活動を行う者並びに学識経験のある者」という規定がある（社会教育委員及び公民館運営審議会の委員の委嘱の基準を条例で定めるに当たって参酌すべき基準を定める省令第1条）。

4）1949年制定当初の社会教育法は、CIE（連合国総司令部民間情報教育局）の強い意向により社会教育関係団体への補助金交付を禁止していたが（「No Support、No Control」の原則）、その後、補助金支出の利点がむしろ重視されるようになり、1959年の改正を経て補助金交付が認められた。

5）市町村に適切な人材がいないまたは財政的余裕がなく、社会教育主事を十分に（あるいは全く）設置できない、という状況を改善するために、市町村の求めに応じて都道府県が給与を全額負担する形で派遣されるのが、いわゆる派遣社会教育主事である。1974

　　年から1998年までは、県費負担の派遣社会教育主事の給与の半額以内について国からの
　　助成がなされていた。

6 ）松下圭一『社会教育の終焉』筑摩書房、1986年。

7 ）2008年の社会教育法改正では「学校、家庭及び地域住民その他の関係者相互間の連携
　　及び協力の促進」に資することが国、地方公共団体に求められるとともに（第 3 条第 3
　　項）、「学校が社会教育団体、地域住民その他の関係者の協力を得て教育活動を行う場合」
　　に、その求めに応じて社会教育主事が助言を行える（第 9 条の 3 第 2 項）ことが明記さ
　　れた。また2017年の同法改正では、「地域住民等と学校との連携協力体制の整備」「地域
　　学校協働活動に関する普及啓発」等が市町村教育委員会の事務として追加された（第 5
　　条第 2 項）。

8 ）ここでいうコミュニティセンターは、住民自治の支援、コミュニティ活性化などを目
　　的とした施設であり、旧自治省などが関わったコミュニティ政策の一環として提唱さ
　　れ、1970年代以降に各地で設置されはじめた施設である。コミュニティセンターは施設
　　規模や機能は公民館と類似しているが、もともと住民の自主管理が基本とされ、社会教
　　育職員の設置が前提とされていない。そのため、公民館からコミュニティセンターへの
　　改組は、社会教育関係者からは、社会教育事業の実施やそのための職員配置に悪影響を
　　もたらすものとしばしば見なされてきた。公民館からコミュニティセンターへの改組の
　　動向の具体例を詳しく検討したものとしては、小池源吾、天野かおり、佐竹智子「自治
　　体改革と公民館の変貌」日本社会教育学会編『自治体改革と社会教育ガバナンス』（日
　　本の社会教育　第53集）東洋館出版社、2009年。

9 ）社会教育行政の一般行政部局化に関して詳しくは、古市勝也「生涯学習振興における
　　一般行政と教育行政──役割の明確化と連携・協働体制の確立──」『日本生涯教育学
　　会年報』第33号、2012年。

10）社会教育施設への指定管理者制度導入に関して詳しくは、久井英輔「行政セクターに
　　よる社会教育」松岡廣路・松橋義樹・鈴木眞理編『社会教育の基礎──転形期の社会教
　　育を考える──（講座　転形期の社会教育 1 ）』学文社、2015年、187-189頁。

11）なお、社会教育行政事業を含め様々な学習機会を総合的に「調和・統合」させるとす
　　る生涯学習振興行政についても、実際には自治体行政の中で適切に機能してこなかった。
　　例えば1990年代以降多くの自治体では、文部省の推進をうけて部局横断的な生涯学習推
　　進体制づくりが行われたが、その取り組みの多くは組織体制の形式的整備に留まるもの
　　であった。このような問題の背景には、生涯学習振興行政という発想自体にもともと、
　　自治体行政機構の性格を十分考慮していない抽象的、理想主義的側面が濃厚に見られた
　　という点が挙げられよう。

参 考 文 献

国立教育政策研究所社会教育実践研究センター編『二訂　生涯学習概論ハンドブック』国立教育政策研究所社会教育実践研究センター、2018年。

鈴木眞理・稲葉隆・藤原文雄編『社会教育の公共性論──社会教育の制度設計と評価を考える──（講座　転形期の社会教育 5 ）』学文社、2016年。

日本社会教育学会編『教育法体系の改編と社会教育・生涯学習（日本の社会教育　第54集）』東洋館出版社、2010年。

第10章 教育行財政と法

はじめに

　日本の教育行財政は、終戦直後の教育改革期において、教育行政の地方分権・自主性の確保・民主化の３つの原則を柱として、すべての都道府県及び市町村（特別区を含む）に教育委員会を設置することによって行われてきた。しかし、国と地方自治体の関係や、教育行政と一般行政の事務配分については、制度発足時から常に見直され続けてきた。そして、2014年６月に行われた地方教育行政の組織及び運営に関する法律（以下、地方教育行政法）の大幅な改正以降はとくに、地方教育行政のガバナンスのあり方が注目されてきた。

　そこで本章では、あらためて日本の教育行財政の仕組みが、どのような制度原理に基づいて成り立っているかについて、その論点の提示も含めて取り上げる。教育基本法のうち教育行財政にかかわる第16条と第17条に加えて、関連法規も取りあげながら、日本の教育行財政上の課題について論じていきたい。

Ⅰ　教育行財政の原理と論点

1　教育行財政をめぐる中央―地方関係

　日本国憲法下における戦後日本の教育行財政では、それまでの中央集権的な性格をあらため、地方分権の実現が目指された。中央教育行政機構としての文部省は、全国の教育を監督する官庁から、指揮監督権をもたない指導・助言を中心とした、教育に関する諸条件を整備する組織として位置づけられた。地方ごとの実情や特色に応じた教育活動を展開できるよう、アドバイスを与える機関であることが求められたのである。そして、戦後になってから新たに、地方教育行政を担う組織として、すべての都道府県・市町村に教育委員会が設置された。このように、文部省（当時）と都道府県教育委員会及び市町村教育委員

会が、中央と地方それぞれの教育行財政を担うこととなった。このとき、それぞれの機関相互の関係は、担当事務と役割が異なるだけであり、権限をめぐっての上下関係は、法制度上、原則として存在しない。

なお、2001年の省庁再編により、文部省は科学技術庁と統合されて文部科学省となる。そして、「教育の振興及び生涯学習の推進を中核とした豊かな人間性を備えた創造的な人材の育成、学術、スポーツ及び文化の振興並びに科学技術の総合的な振興を図るとともに、宗教に関する行政事務を適切に行うこと」が任務とされた（文部科学省設置法第3条）。

民主主義社会における教育という営みは、住民による教育の地方自治と、国による教育に関する権利保障とを同時に要求する。さらに国民1人1人には、身近な学校・地域での教育活動にたいする、保護者・地域住民としての直接的なかかわりをもちつつ、国全体の教育に関する意思決定にたいする、国家社会の一員としての間接的なかかわりによる教育責任を果たすことが求められる。そのため、制度が導入されて以来、国と都道府県および市町村、教育委員会と教育行政専門職の事務配分に関して、換言すれば、誰がどのようなプロセスを経て教育行政を担っていくべきなのかは、今日に至るまでの幾度もの制度改革を経てなお問われ続けている課題である。

2　一般行政と教育行政

行政の執行にあたっては、効率性を重視つつも、最大限の成果達成が求められる。ところが教育活動は、その成果があらわれるまでには時間を要する場合がほとんどである。このため、短期的なスパンでの方針転換を避け、長期的かつ安定した体制で計画的に進めることが求められる。そこで教育行政については、選挙で選出される首長と議会による政治・行政からは独立した行政委員会という形態がとられ、政治や一般の行政からの独立性を担保された教育委員会が発足した。政治的な勢力から独立することで、純粋に教育問題についてのみ追究することを目指したのである。委員の任命の際にも、委員の過半数が同一の政党に所属してはならない（地方教育行政法第4条第4項）とするなど、教育委員会が政治的に中立的でいられるような配慮がなされている。

しかし、予算編成や教育委員会事務局の人事に関する権限は教育委員会に属しておらず、首長部局の権限や議会の審議で決定される。また、中央においても、予算審議は文部科学省の単独で決定できるわけではなく、国会審議を経て

決定される。このため、教育行政が一般行政から独立しているとはいえないのが実態である。また、医療や福祉など、他の行政領域が独立していない中、教育行政のみが独立して存在することの意義を問う声もある[2)]。

　教育委員会の業務領域とは別に、自治体として取り組まなければならない課題、とりわけ、子育てや若者自立支援などの実践が、地方教育行政へ与える影響も高まりつつある。このため、教育と医療・福祉・労働など、従来の行政枠組みを一元化することの重要性が指摘されており[3)]、教育行政と一般行政との関係の再編成が求められる。

　ただし、教育行政が一般行政から独立していることは、他の行政領域との関わりを一切もたないという意味ではないことには注意を要する。それぞれの領域の専門性を尊重し、地域の子育て・教育に関するネットワークを構築していく実践的課題として捉える必要があるだろう。

3　民衆統制と専門職リーダーシップ

　国民主権を原則とする憲法下では、地方自治の本旨に基づき、住民自身が自治体の教育行財政に関する意思決定を行うことが求められた。ところが、意思決定を行う主体である住民は、教育および教育行財政については素人であり、専門的な知識・技術を有する職員が必要とされた。地域の教育行財政をコントロールする素人としての一般住民代表を、支え導く専門職が同時に存在する構造が採用されたのである。この民衆統制と専門職リーダーシップを調和させるための仕組みとして、日本の教育委員会制度が発足した。素人である教育委員は、自らが望ましいと考える教育行財政の実現へ向けて事務局の専門職を活用し、一方で、事務局側は、教育委員への指導・助言を通じて、必要な情報を提供しながら、あるべき方向へと導いていくことが期待された。なお、事務局には指導主事などの専門職員が置かれ、学校教育に関する専門的事項について、学校の教職員等にたいする指導にあたる。

　民主主義のもと、公共的な教育行財政のあり方を追究しようとするとき、地域住民らの声を聞き取ることも含めた地域の教育調査や、教育指導を行うためには、事務局のサポートは必要不可欠であり、専門職が発揮するリーダーシップを求めなければならない。逆に、教育行政専門職や事務局側から提案したいことについては、教育委員の理解と同意を得ることで、民衆統制の手続きを経ることになる。両者の緊張関係を、いかにして保つかが問われている。

2　教育行財政と教育基本法

1　不当な支配と直接責任

　教育基本法第16条第1項には、「教育は、不当な支配に服することなく」とある。これは、教育という活動において、教育行政と国民の意思との間に、余分な介入が入り込まないようにすることを意味する。もともと1947年の教育基本法第10条第1項では、「国民全体に対し直接に責任を負つて」とされていた文言が、2006年の法改正時に削除されたと同時に、「この法律及び他の法律の定めるところにより行われるべきものであり」が追加された。これに関して、制定過程における政府答弁（2006年12月5日の参議院・教育基本法に関する特別委員会における伊吹文科相の発言）では、「国民の意思の下で作られた法律あるいは学習指導要領においても不当な支配になることはあり得る」と述べられた。つまり、法に基づいた教育行政の執行であっても、不当な支配に該当する場合があるとの解釈が示されたのである。

　また、第16条第2項では「国は、全国的な教育の機会均等と教育水準の維持向上を図るため、教育に関する施策を総合的に策定し、実施しなければならない」とし、同第3項では、「地方公共団体は、その地域における教育の振興を図るため、その実情に応じた教育に関する施策を策定し、実施しなければならない」と、国と地方公共団体のおおまかな役割分担が示された。関連して、地方教育行政法第1条の2では、自治体の教育行政が、教育基本法の趣旨にのっとり、「国との適切な役割分担及び相互協力の下、公正かつ適正に行われなければならない」と定められている。さきにもみたが、国と都道府県・市町村は上下関係にはなく、公正かつ適正な運営を図ることが、不当な支配に陥ることを防ぐことにもなろう。[4]

2　財政上の措置

　教育基本法第16条第4項には、「国及び地方公共団体は、教育が円滑かつ継続的に実施されるよう、必要な財政上の措置を講じなければならない」と定められている。国家予算のうち、教育に関する予算を確保することは、教育の条件整備を担う文部科学省の重要な役割である。確保した予算は、使途が特定されている国庫補助金と、特に使途が定められていない地方交付税として自治体

に渡される。たとえば、義務教育費国庫負担法第 2 条では、義務教育諸学校における教職員の給与及び報酬等に要する経費の実支出額の 3 分の 1 を国庫で負担すると定められている。残り 3 分の 2 は、都道府県の予算から負担することになるのだが、多くの自治体は、独自の財源と国庫負担金だけでは賄えないため、配分される地方交付税にて水準を維持しようとしている。

　このとき地方交付税は、使途が特定されずに自治体に渡され、その使い途は、自治体の議会における予算審議で決定される。このため、教育に関する予算の割合は自治体の財政事情により格差が生じることとなる。たとえば、少人数学級の導入や、それに伴う自治体独自予算での教職員採用、学校の統廃合、校舎の耐震改修など、それぞれの実情に応じて教育費の使い方が異なるのである。これらの是正についても、国と地方公共団体の適切な役割分担と相互協力の下、充実化が図られなければならない（地方教育行政法第48条、同第51条参照）。

3　教育振興基本計画

　教育基本法第17条第 1 項において、政府は「教育の振興に関する施策についての基本的な方針及び講ずべき施策その他必要な事項について、基本的な計画を定め」ることとされた。これが教育振興基本計画である。この教育振興基本計画は、国会での審議は必要とせず、報告するに止められていることには注意しなければならない。本来ならば、中長期的な教育計画の策定とそれを支える教育予算の確保については、国と地方公共団体との役割分担も含め、慎重な審議を必要とするためである。

　そして、同条第 2 項において、その計画を地方公共団体が参酌し、計画を定めるとされている。ところでこの「参酌」という語には、照らし合わせて取捨選択することのほか、相手の意図を汲み取ったり、十分に考慮したりする意味が含まれている。自治体が政府の計画の意図を汲み取ることとされたのであり、教育振興基本計画のあり方が今後の地方教育行政の運営を左右する構造になっている。しかし、地域の課題に根ざした教育計画策定のプロセスを探ること自体が、教育の地方自治実現にとっての非常に重要な課題であるため、自治体の教育計画が、中央で定められた基準の単純な模倣とならないよう注意しなければならない。

3　教育行財政と教育の地方自治の課題

　1節にみたような教育行財政の原理、すなわち、中央―地方関係における教育の地方分権化、一般行政からの教育行政の独立性、専門職がリードする民主的な教育行政の運用を実現させるために導入されたシステムが教育委員会制度である。地方教育行政法第2条では、教育委員会はすべての都道府県・市町村（特別区を含む）に置くこととされており[5]、これを必置規制と呼ぶ[6]。

　2014年6月の地方教育行政法改正では、責任の所在の明確化を目指し、大幅な制度改革が行われた。現在の教育委員会は、教育長および4人の教育委員で組織される[7]。それぞれの任期について、教育長は3年、教育委員は4年である。そして、これまでは首長が教育行財政に直接関与することは、制度上、制限されていたが、首長と教育委員会で構成される総合教育会議が設置されることとなった。加えて、当該自治体の教育、学術及び文化の振興に関する総合的な施策の大綱を、教育振興基本計画を参酌して、首長が定めることとされた。このように、一般行政と教育行財政の垣根は、2014年以降、低くなってきている。

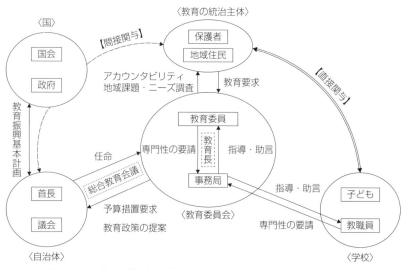

図10-1　教育委員会制度下における「教育の地方自治」構造図

出典：筆者作成。

これは、教育委員会の会議が形骸化している、責任の所在が不明確である、緊急時に迅速な対応を取りづらい等への批判に対する措置である。

　だが、この法改正によって、すべての課題がクリアされたわけではない。さらなる改善を目指し、継続的な点検が求められる。ここで重要なのは、教育委員会という組織のかたちにとらわれず、教育に関する権利保障の観点からチェックすることである。組織の形骸化の課題解決策と、制度の原理や理念を見直すことは、必ずしも一致しないことに留意しなくてはならない。制度が目指したものは、教育の地方自治の実現であり、これを図示すると、さしあたり図10-1のようになろう。国民主権を原則とする憲法下においては、教育を統治する主体は保護者・地域住民、すなわち、国民全般である。学校教育に直接的に、かつ、国や自治体および教育委員会等を通じて、国民自身が間接的にかかわっていく教育の地方自治構造を目指すための条件整備が求められる。

おわりに

　以上に取りあげてきた論点に加えて、不況が長引くなか、少子高齢化の問題が、教育に関連する政策提言では枕詞のように取りあげられ、安心して子育て・教育を行っていくことができるよう、社会全体で取り組んでいくことの重要性や必要性がしばしば指摘される。憲法では、義務教育の無償が保障されているが、現代の日本の状況においては、その枠をこえて、教育条件の整備に努めることが求められる。たとえば、高等学校の授業料無償化や、幼児教育の無償化、外国につながる児童生徒への各種支援の充実など、国民全体の理解を得ながら、教育人権保障の枠を拡大していくことが必要だろう。

　多様な担い手同士をつないだエコシステムの確立を目指し、公教育の枠組みが問い直されている。また、子ども家庭庁の設置に伴っては、自治体内の事務配分への影響が予想され、教育行財政に関する責任の所在にも変更が生じるだろう。VUCA（予測困難な）時代においては、法制度の整備を待たずに、1人1人が次世代の教育および自らの学習について、責任をもって主体的に関わっていけるかどうかが、今後の重要な課題となるだろう。

　|演習問題|
　1.　教育について国が保障すべき領域と、地方の裁量を活かして担当すべき領域のそれぞ

れについて考えてみよう。

2．教育行財政の民衆統制と専門職リーダーシップの緊張関係について考えてみよう。

3．総合教育会議をどのような場とするべきかについて話し合ってみよう。

注

1）行政委員会とは、通常の行政組織体系から多かれ少なかれ独立の地位を保ち、職権行使において独立性を保障された複数の委員からなる合議体であって、内部管理や行政処分等に関する行政権限とともに、準立法的な規則制定権限と争訟判定的な準司法的権限を併せもつ機関を指す。田中二郎『新版行政法 中巻 全訂第二版』弘文堂、1976年、53－55頁。

2）伊藤正次「教育委員会制度改革の視座と展望──教育委員会必置論を超えて──」『国際文化研修』通号52、2006年、16-21頁。

3）たとえば、安宅仁人「基礎自治体における子ども行政の一元化に関する研究──教育委員会における『こども課』設置を中心に──」『教育制度学研究』第16号、2009年を参照されたい。

4）これに関連して、新藤宗幸は、各省の設置法の中に権限事項がすでに盛り込まれており、所掌事務が権力行使として作用しているとする。つまり、実質的に中央統制が可能な仕組みになっているとの指摘である。新藤宗幸『講義現代日本の行政』東京大学出版会、2001年、42頁。

5）このほか、地方自治法第284条による一部事務組合や広域連合などの、地方公共団体の組合への設置も可能である。

6）必置規制を問題視し、教育委員会制度を廃止すべき、または、教育委員会を設置するかどうかを自治体が判断するべきと主張する声もある。たとえば、新藤宗幸『教育委員会──何が問題か』岩波書店、2013年、穂坂邦夫『教育委員会廃止論』弘文堂、2007年などが、それぞれの代表例として挙げられる。

7）委員の数は、各自治体が条例により弾力的に運用できる。

参 考 文 献

兼子仁『教育法〈新版〉』有斐閣、1978年。

新藤宗幸『教育委員会──何が問題か──』岩波書店、2022年。

高橋寛人『危機に立つ教育委員会』クロスカルチャー出版、2013年。

村上祐介・橋野晶寛『教育政策・行政の考え方』有斐閣、2020年。

横井敏郎編著『教育行政学（第4版）──子ども・若者の未来を拓く──』八千代出版、2022年。

第11章　教育と社会福祉と法

はじめに

　本章では、「教育と社会福祉と法」を学ぶにあたって、「子どもの貧困」という社会問題を取り上げる。「子どもの貧困」はまさしく「〈教育と社会福祉〉と法」を関わらせなければ根絶できない課題である。よって、まず「子どもの貧困」という問題を理解した上で、関連する4つの法律を解説する。最後に、これら法律の課題等を整理する。

1　「子どもの貧困」という問題

　「お弁当に希望詰め　暴力から逃れ　母子で再出発」。これは、2011年1月1日の中日新聞1面「子ども貧国」の見出しである。連載「第1部　未来が泣いている」はこの見出しから出発して、全9回「夢の設計図 破れた　苦学生 家族のため就職」の回で終了している。2月20日、今度は「第2部　先生たちの危機感」と題して「子どもの貧困」と格闘する教職員に焦点を当てて全7回の連載が続いた。

　「子どもの貧困」とは、「子どもが経済的困窮の状態におかれ、発達の諸段階におけるさまざまな機会が奪われた結果、人生全体に影響をもたらすほどの深刻な不利を負ってしまうこと」である[1]。本来、社会全体で保障すべき子どもの成長・発達が、個々の家庭の「責任」にされ、過度な負担を負わされている現状にあって、この問題は解決困難で重大な社会問題である。「子どもの貧困」は「お金がない」という問題を中核におくが、このような経済的次元から衣食住や医療、余暇活動・遊び、日常的な養育・学習環境、学校教育などの様々な局面において、多くの不利を負ってしまうことである。さらに、「子どもの貧困」は、子どもの現在の状況に影響を与えるのみならず、長期にわたって固定化し、

次の世代へ引き継がれる可能性（貧困の世代的再生産）を含んでいる。

　「子どもの貧困」を把握する方法の１つに「子どもの貧困率」がある。手取りの世帯所得を世帯人員数で調整し、その中央値（一番標準的な値）の50％未満の世帯を「貧困」と定義した上で、子ども全体の中で何％の子どもが貧困の世帯に属しているかを測定したのがそれである。ユニセフの推計によると、わが国の子どもの貧困率は14.9％であり（６〜７人に１人）、2000年代半ばにおいて国際的に高い国に属している（全20カ国中４番目）[2]。

　日本の「子どもの貧困」の特徴は次の３つである。第１に、日本のひとり親家庭は「元祖ワーキング・プア」という点である（図11-1）。ひとり親世帯の貧困率を就労状況別に調べると、非就労であれ就労であれ貧困率がほとんど変わらないのは日本だけである。どんな世帯であれ就労すれば収入があるため貧困から脱出できる。ところが、日本のひとり親家庭の就労状況が良くないため、貧困から脱出できずにいる。

　第２に、ひとり親のなかでも母子世帯が異常に高い貧困率を示す点である。家族構成別に貧困率をみると、「両親と子のみの世帯」「三世代世帯」の子ども

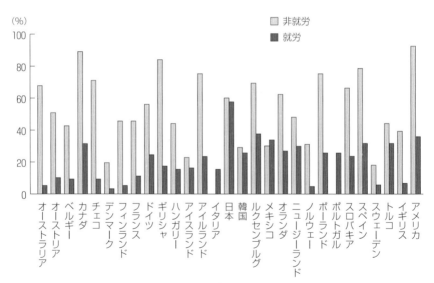

図11-1　ひとり親世帯の貧困率（就労状況別）

資料：OECD（2008）*Growing Unequal? Income Distribution and Poverty in OECD Countries.*
出典：子どもの貧困白書編集委員会編『子どもの貧困白書』明石書店、2009年、25頁。

の貧困率は11％であるが、母子世帯の貧困率は66％と突出している（2004年）。この数値は、OECD諸国の中でも第2位の高さとなる。実に、母子家庭の3世帯に2世帯が貧困に陥っている[3)]。

　第3に、政策によって貧困を拡大させるという点である（図11-2）。再分配前と再分配後の子どもの貧困率を調べると、再分配前の貧困率よりも再分配後の貧困率が高いのは先進国のなかで日本だけである。つまり、貧困ラインを超える収入があったにも関わらず、その後徴収される税金や社会保険料が高く、また児童手当が安いために貧困世帯におとしめられてしまうということだ。これを「再分配の逆転現象」という[4)]。本来、再分配に期待されているのが、裕福な層から貧困の層へ所得移転をして貧困を削減する機能だからである。

　次に、「子どもの貧困」の具体的な事例をみていこう[5)]。

　「むし歯を治療できず、歯科医に通院したときは手遅れで、中学生で総入れ歯にせざるをえなかった子どもがいた」「指を骨折しているかもしれないのに、病院には行かず、保健室から親に電話しても『一度、家に帰らせてください。様子を見ていくかどうか決めます』という親のことばが返ってくる」「朝、食

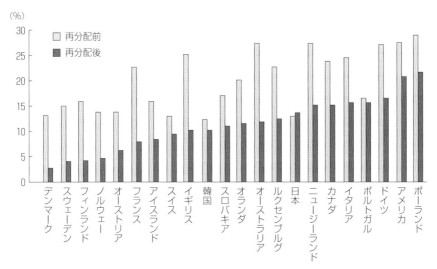

図11-2　子どもの貧困率（再分配前と再分配後：2000年代）

資料：OECD（2008）*Growing Unequal? Income Distribution and Poverty in OECD Countries.*
出典：子どもの貧困白書編集委員会編『子どもの貧困白書』明石書店、2009年、26頁。

べるものがないので、オブラートを『これはいける！』と言いながら食べて、しごとに向かう定時制高校生」「給食がないので夏休み明けに、10キロも痩せてくる中学生がいる」「朝、母親から昼食・夕食代として数百円渡され、兄弟4人でやりくりをせざるをえず、ポテトチップスとメリケン粉を焼いて何も入っていないお焼きを作り、醤油やアジ塩をかけて食べている子どもたちがいる」「家族のために給食を持って帰る子どももいる」「親が離婚し、母親の知り合いの家を泊まり歩いていたが、それも限界で、車で寝泊まりしているという」「バス代がなくなり、片道4時間かけて歩いて学校に来た生徒がいる」「小学6年で母親ががんで亡くなり、それから父は酒を飲んで働かなくなり、姉妹の養育を放棄する。誰かに抱きしめられたいという愛情を求めて、オヤジとの"援交"を繰り返し、児童自立支援施設に措置されることになった」「仕事がないので、キャバクラに勤めている高校卒業生がいる。しかし実際には衣装代などでかなり差し引かれて、収入的には豊かではない」「外国人労働者の家族で、両親が夜勤・日勤を繰り返すために、一家団らんが失われ、親子のコミュニケーションがなくなり、子育てを放棄するケースがある。そうした家族のもとで暮らす子どもたちのなかには、不登校や不就学となり、ストリートチルドレン化し、窃盗などの罪を犯し、少年院や少年刑務所に送られた子どもたちもいる」。

なんとつらい現実だろうか。親がいない、失業、病気、障害が理由で、子どもたちが学校に満足に通えない。人並みの家庭生活や学校生活をおくることが

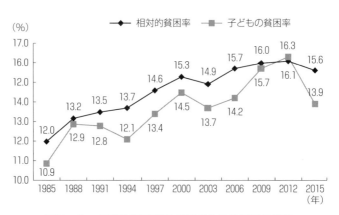

図11-3　相対的貧困率及び子どもの貧困率の推移

資料：厚生労働省「国民生活基礎調査」より筆者作成。

できない。むしろ、子どもたちが一家を支える、夢を捨てて家族のために生きている。これらは戦後直後の話しではない。このような現実がいまの日本にある。

　2009年に厚生労働省は、国民生活基礎調査から相対的貧困率及び子どもの貧困率（15.7%）を発表した。次いで、2017年に発表された2015年の子どもの貧困率は13.9%、「7人に1人」となっている（図11-3）。前回発表された2012年の子どもの貧困率が16.3%だったため大幅に減少したといえるが、それでも国際的にみれば、まだまだ高い状況にある。

2　教育と社会福祉の関係法規

1　生活保護法（1950年公布・施行）

　生活保護法は、「日本国憲法第25条に規定する理念に基き、国が生活に困窮するすべての国民に対し、その困窮の程度に応じ、必要な保護を行い、その最低限度の生活を保障するとともに、その自立を助長すること」（第1条）を目的にしている。

　生活保護は、働いていない高齢者が受給するものというイメージが強い。たしかに、世帯類型別被保護世帯をみると、51.4%が高齢者世帯となっている（2016年）。次にその他の世帯、傷病者世帯、障害者世帯に次いで、世帯類型別では最も少ない世帯が母子世帯である（6.1%）。2004年以降減り続けている。構成比は6%とはいえ、実に約10万の母子世帯が生活保護を受給している（以上、厚生労働省「平成28年度　被保護者調査」）。

　子どもを育てる生活保護世帯（「有子世帯」という）に対する扶助費の種類と金額は表11-1のとおりである。なお、高校無償化制度の対象者には授業料は給付されない。

　表11-1のうち、小・中・高生に支給される学習支援費は、貧困世帯に属する子どもの増加という「子どもの貧困」「貧困の連鎖」が社会問題化しつつあったことも踏まえ、2009年度補正予算によって創設されたものである。

　子どもを育てる生活保護世帯の最低生活費は、生活扶助費及び住宅扶助費に加え、表11-1に該当する各加算及び扶助を加えたものとなる。厚生労働省が示す具体的事例によれば、2018年度の最低生活費（1級地-1）は、標準3人世帯（33歳、29歳、4歳）の場合、22万8700円、母子3人世帯（30歳、4歳、2歳）の

表11-1　子どもを育てる生活保護世帯に対する主な扶助費(※2018年度基準額１級地-１の場合)

生活扶助（一部）	児童養育加算（児童手当と同額）	18歳までの子ども１人につき１万円（３歳未満等の場合：１万3300円）※３歳未満等については、３段階施行の１年目（平成30年10月～平成31年９月）の金額
	母子加算（子ども１人あたり）	21,400円※３段階施行の１年目（平成30年10月～平成31年９月）の金額
教育扶助（うち小・中学校就学費）	基準額（学用品費、その他の教育費）	小学生2,600円中学生5,000円
	教材代・学校給食費・校外活動参加費・交通費	実費支給
	学習支援費（課外クラブ活動費）（年額）	実費小学校等限度額１万5700円以内中学校等上限額　５万8700円以内
生業扶助（うち高等学校就学費）	基本額（学用品費、その他の教育費）	5200円
	教材代・交通費	実費
	学習支援費（課外クラブ活動費）（年額）	実費（上限額８万3000円以内）など

出典：筆者作成。

場合、25万8990円となる。

　なお、こうした最低生活費が支給されていたとしても、生活保護受給世帯の子どもの大学等進学率35.3％は、一般世帯の大学等進学率73.0％に比べて半分にも満たない（2017年４月１日厚生労働省社会・援護局保護課及び文部科学省調べ）。

2　就学困難な児童及び生徒に係る就学奨励についての国の援助に関する法律
（1956年公布・施行）

　就学困難な児童及び生徒に係る就学奨励についての国の援助に関する法律は、「経済的理由によって就学困難な児童及び生徒について学用品を給与する等就学奨励を行う地方公共団体に対し、国が必要な援助を与えることとし、もつて小学校及び中学校並びに中等教育学校の前期課程における義務教育の円滑な実施に資すること」（第１条）を目的としている。通称「就学援助制度」と呼ばれる。

　就学援助制度の対象は「準要保護者」と呼ばれる。生活保護制度の対象は「要

保護者」と呼ばれているが、通常、生活保護基準よりもやや高い世帯が就学援助制度の対象となる。2016年度に生活保護を受けている小中学生が約13万人、これに就学援助を受けている小中学生を加えると約145万人に及ぶ。公立小中学校児童生徒総数に占める割合（援助率）は15.23％となっている。実に、全国で「およそ7人の1人」の子どもが、経済的理由により就学困難と認められ、給食費や学用品に充てる費用を交付されている。さらに驚くのは、就学援助を受ける子どもの人数および割合が20年間で約2倍に増加していることである（文科省「就学援助実施状況等調査結果」平成31年3月）。「企業の倒産やリストラ等による経済状況の変化によるもの」、「離婚等による母子・父子家庭の増加」が主な要因である。

　市町村の教育委員会は就学援助費から学用品、通学費、学校給食費等を支給する。就学援助の認定基準は市町村によって異なり、生活保護の認定基準の約1.3倍にしている市町村が多い。

　もともと就学援助の財源は国庫補助金であったが、2005年に一般財源化され、まとめて交付税で措置されることになった。これにより市町村格差が起こり、生活保護と同じレベルでないと就学援助が受けられない地域が増えている。このような認定基準の厳格化や、支給される学用品費の減額により就学援助が抑制されている。援助を受ける子どもは増加しているものの1人当たりの金額は少なくなっている。

3　生活困窮者自立支援法（2013年公布・2015年施行）

　生活困窮者自立支援法は、「生活困窮者自立相談支援事業の実施、生活困窮者住居確保給付金の支給その他の生活困窮者に対する自立の支援に関する措置を講ずることにより、生活困窮者の自立の促進を図ること」（第1条）を目的としている。第6条第4項に、都道府県等が行うことのできる事業として「生活困窮者である子どもに対し学習の援助を行う事業」があげられている。このいわゆる「学習支援事業」に対する国庫補助は2分の1となっている。

　学習支援の活動はすでに全国各地で取り組まれてきている。例えば、NPO法人キッズドアによる「タダゼミ」は、2009年に企業から助成金をもらって、学生ボランティアの登録が50人集まったところで学習支援を始めている。初年度の参加者は38人で、遠い子は西東京市から1時間以上かけて新宿にあるタダゼミに通っていた。それ以降、東京都内の他区や東日本大震災の被災地でも実

施するようになる。

また、埼玉県では「生活保護受給者チャレンジ支援事業」を実施している。この事業は、埼玉県内（政令市以外）の生活保護受給世帯の中学生及びその保護者を対象に、一般社団法人に委託して学習支援等を実施するものである。県内17カ所で週1〜3回の学習支援室を開催し、学生ボランティアによるマンツーマンの学習支援を実施している。また、教員OBなどの教育支援員が定期的な家庭訪問を行い、子ども及び親に対して進学の助言等も行う。2012年度は中学3年生の対象者782人のうち331人が参加、うち321人（97％）が高校に進学しているという。このような、生活保護世帯等の子ども及びその保護者に対して、日常的な生活習慣の獲得、子どもの進学、高校進学者の中退防止等に関する支援を総合的に行う事業は、全国94自治体で実施されている（2012年度）。

生活困窮者自立支援法における「学習支援事業」は、このような地方自治体の事業を安定的に取り組めるようにするものである。

4　子どもの貧困対策の推進に関する法律（2013年公布・2014年施行）

子どもの貧困対策の推進に関する法律（子どもの貧困対策法）は、「子どもの将来がその生まれ育った環境によって左右されることのないよう、貧困の状況にある子どもが健やかに育成される環境を整備するとともに、教育の機会均等を図るため、子どもの貧困対策に関し、基本理念を定め、国等の責務を明らかにし、及び子どもの貧困対策の基本となる事項を定めることにより、子どもの貧困対策を総合的に推進すること」（第1条）を目的としている。

本法は、子どもの貧困対策法の制定を国会議員に働きかけた市民団体の活動の成果である。「なくそう！　子どもの貧困」全国ネットワークは、イギリスの子どもの貧困法にならい、子どもの貧困根絶に関する数値目標を定め、政府に子どもの貧困根絶戦略の立案・実施を義務づけることを求めていた。あしなが育英会も次世代への貧困の連鎖を断ち切るために「子どもの貧困対策基本法」を制定し、「ひとり親家庭の貧困率」を5年以内に半減、10年以内に10％未満にする数値目標を設定すること等を政府各党に働きかけた。

本法のポイントは以下の4点である。第1は、年1回、子どもの貧困や対策の実施状況を公表することである。第2に、国は「子どもの貧困対策会議」を設置し、子どもの貧困対策を総合的に推進するための「子供の貧困対策に関する大綱」を作成することである。第3は、その「大綱」には、子どもの貧困率

表11−2 「子供の貧困対策に関する大綱」のポイント（指標の改善に向けた当面の重点施策）

1	教育の支援	・幼児教育の無償化の推進及び幼児教育の質の向上 ・「高校生等奨学給付金制度」などによる経済的負担の軽減 ・奨学金制度等の経済的支援の充実 ・生活困窮世帯等への学習支援 ・夜間中学校の設置促進 ・子供の食事・栄養状態の確保　など
2	生活の支援	・保護者の自立支援 ・児童養護施設等の退所児童等の支援 ・定時制高校に通学する子供の就労支援 ・社会的養護施設の体制整備、児童相談所の相談機能強化 ・妊娠期からの切れ目のない支援等　など
3	保護者に対する就労の 支援	・親の学び直しの支援 ・就労機会の確保　など
4	経済的支援	・児童扶養手当の公的年金との併給調整に関する見直し ・養育費の確保に関する支援　など
5	子供の貧困に関する調査 研究等	・子供の貧困の実態等を把握・分析するための調査研究 ・子供の貧困に関する新たな指標開発に向けた調査研究　など
6	施策の推進体制等	・官公民の連携・協働プロジェクトの推進、国民運動の展開　など

出典：筆者作成。

や生活保護世帯の子どもの高校進学率などの指標を改善するための施策、教育や生活支援、保護者の就労支援などを定めることである。第4は、国と地方自治体は、貧困家庭の就学や学費の援助、学習支援といった教育支援に取り組み、特に地方自治体は、これらについて計画を策定して推進することである。

2014年8月に「大綱」が発表された。そのポイントは**表11−2**のとおりである。

③　「子どもの貧困」根絶に向けた課題

子どもの貧困対策法の成立・施行にあらわれたように、わが国もようやく子どもの貧困対策を総合的に推進するようになった。既述したとおり、生活保護世帯の子における大学等進学率は約3割（全体は約7割）程度にすぎない。そして、同高校中退率が4.1%（全体は1.4%）となっている。こうした子どもたちの大学進学率を上げ、高校中退率を下げる生活保護制度の改善が必要である。

就学援助制度については、まず、児童生徒とその保護者に就学援助制度を知

らせることが重要である。入学及び進学時に学校で就学援助制度の書類を配布している市町村はまだ75.3％にすぎない。さらに、新入学児童生徒学用品費等の入学前支給の実施状況では、平成29年度に実施済みの市町村は、小学校で47.2％、中学校で56.8％となっており、文部科学省も進めるよう適切な入学支援が市町村に求められる。

生活困窮者自立支援法における学習支援事業については、2018年の法改正により、学習支援のみならず、生活習慣・育成環境の改善に関する助言等も追加され、「子どもの学習・生活支援事業」として強化されている。今後、例えば、山科醍醐こどものひろばが実施する「トワイライトステイ」や「通学合宿（ナイトステイ）」のような取り組みも求められる。学習支援事業と生活支援事業との相乗効果による貧困根絶が求められる。

最後に、子どもの貧困対策法の課題については、少なくても早急に、貧困率削減の数値目標を「法律」に明記しなければならない。しかし、2019年6月に子どもの貧困対策法が改正されたが、関係者が待ち望んでいた数値目標は「法律」に明記されなかった。

1997年に政権を取ったイギリスのブレア首相は、子どもの貧困を2020年までに根絶するとの目標を立て、これを達成するために、さまざまな政策を実行に移してきた。その結果、1990年代半ばから2005年ごろまでのあいだ、各国の子どもの貧困率が上昇するなか、イギリスは子どもの貧困率を3.6％も減らしている。

政府は、子どもの貧困対策法のもとで、幼児教育・保育の段階的無償化や児童扶養手当の多子加算額の倍増、児童扶養手当の全部支給の所得制限引き上げ、給付型奨学金の創設などを行ってきたとしている。しかし、幼児教育・保育の段階的無償化については、より保育料負担の重い3歳未満児の保育料無償化は低所得世帯にとどまり、しかも無償化対象である全3歳以上児については給食費における副食費が実費徴収となり新たな負担となった。また、新たな給付型奨学金についても、①所得制限、②学力評価制限、③進学先制限の3つの制限を伴っており、主要先進国で実施されているような、いわば「完全無償化」にはほど遠い。

このように「子どもの貧困」を根絶するための課題は多岐にわたる。この「どれか」ではなく「どれも」必要である。あえて優先順位をつけるとすれば、筆者は保育政策の拡充が必要だと考えている。子ども期のなかで、特に貧困が後

の人生に一番大きく響くのは乳幼児期だからだ。そのため、親の就労対策としての保育政策ではなく、子どもの貧困対策としての保育政策の拡充、すなわち、利用時において無料かつ良質の普遍的な保育が求められる[12]。

　改正子どもの貧困対策法では、「親の妊娠・出産期から子どもの社会的自立までの切れ目のない支援」が重要視されている。その出発点である母子保健施策と切れ目ない保育政策を、子どもの貧困対策として拡充することが重要な課題である。

おわりに

　イギリスの子どもの貧困根絶で大きな役割を果たしたのが「子どもの貧困アクショングループ（CPAG）」である。これに匹敵しようとしている日本の民間団体が「なくそう！　子どもの貧困」全国ネットワークである。

　子どもの貧困対策法は改正され、都道府県だけでなく市町村も貧困対策計画をつくることができるようになった。このように、貧困対策を実行するのは政府・自治体が中心である。しかし同時に、国民一人ひとりが「見ようとしないと見えない」貧困に目を向け、子どもたちを救出し、貧困の世代的再生産を断ち切らなければならない。

｜ 演習問題 ｜
1．「子どもの貧困」について調べてみよう。
2．生活が困窮している子どもの生活を考えてみよう。
3．「子どもの貧困」を根絶するための政策をまとめてみよう。

注
1）松本伊智朗ほか編著『子どもの貧困ハンドブック』かもがわ出版、2016年、12頁。
2）阿部彩『子どもの貧困Ⅱ──解決策を考える──』岩波書店、2014年、9 - 11頁。
3）子どもの貧困白書編集委員会編『子どもの貧困白書』明石書店、2009年、21頁。
4）阿部氏によれば、「再分配の逆転現象」は2010年のデータで解消されている。しかし、再分配前の貧困率が大幅に悪化しているため、せっかく再分配効果が効き始めたのに、最終的な再分配後の貧困率は悪化してしまっている。阿部前掲書、153-154頁。
5）浅井春夫『脱「子どもの貧困」への処方箋』新日本出版社、2010年、32-51頁。
6）鳫咲子『子どもの貧困と教育機会の不平等　就学援助・学校給食・母子家庭をめぐっ

て』明石書店、2010年、34-37頁。

7）鳰前掲書、52-53頁。

8）大山典宏『生活保護 VS 子どもの貧困』PHP 研究所、2013年、178-183頁。本書には、キッズドアのほかに、NPO 法人ワーカーズコープ、認定 NPO 法人文化学習協同ネットワークの各関係者による活動や思いが報告されている。

9）2019年6月、本法の目的は「子どもの<u>現在及び将来</u>がその生まれ育った環境によって左右されることのないよう、<u>全ての子ども</u>が心身ともに健やかに育成され、及びその<u>教育の機会均等</u>が保障され、<u>子ども一人一人が夢や希望を持つことができるようにするため</u>、子どもの貧困の解消に向けて、児童の権利に関する条約の精神にのっとり、子どもの貧困対策に関し、基本理念を定め、国等の責務を明らかにし、及び子どもの貧困対策の基本となる事項を定めることにより、子どもの貧困対策を総合的に推進すること」と改正された（下線部、追加修正された文言）。

10）幸重忠孝・村井琢哉著／特定非営利活動法人山科醍醐こどものひろば編『子どもたちとつくる貧困とひとりぼっちのないまち』かもがわ出版、2013年。

11）「なくそう！　子どもの貧困」、全国ネットワーク編『イギリスに学ぶ子どもの貧困解決』かもがわ出版、2011年、12-13頁。なお、イギリスだけでなく、フランス、ドイツ、スペイン、イタリア、フィンランド、スウェーデンなど、多くの先進国で貧困削減の数値目標が定められている。

12）阿部前掲書、163-165頁。

参 考 文 献

松本伊智朗ほか編著『子どもの貧困ハンドブック』かもがわ出版、2016年。

阿部彩『子どもの貧困——日本の不公平を考える——』岩波書店、2008年。

山野良一『子どもの最貧国・日本——学力・心身・社会におよぶ諸影響——』光文社、2008年。

関係資料

改正前後の教育基本法の比較

改正後の教育基本法 （平成18年法律第120号）	改正前の教育基本法 （昭和22年法律第25号）
前文 　我々日本国民は、たゆまぬ努力によって築いてきた民主的で文化的な国家を更に発展させるとともに、世界の平和と人類の福祉の向上に貢献することを願うものである。 　我々は、この理想を実現するため、個人の尊厳を重んじ、真理と正義を希求し、公共の精神を尊び、豊かな人間性と創造性を備えた人間の育成を期するとともに、伝統を継承し、新しい文化の創造を目指す教育を推進する。 　ここに、我々は、日本国憲法の精神にのっとり、我が国の未来を切り拓く教育の基本を確立し、その振興を図るために、この法律を制定する。 第一章　教育の目的及び理念 　（教育の目的） 第一条　教育は、人格の完成を目指し、平和で民主的な国家及び社会の形成者として必要な資質を備えた心身ともに健康な国民の育成を期して行われなければならない。 　（教育の目標） 第二条　教育は、その目的を実現するため、学問の自由を尊重しつつ、次に掲げる目標を達成するよう行われるものとする。 　一　幅広い知識と教養を身に付け、真理を求める態度を養い、豊かな情操と道徳心を培うとともに、健やかな身体を養うこと。 　二　個人の価値を尊重して、その能力を伸ばし、創造性を培い、自主及び自立の精神を養うとともに、職業及び生活との関連を重視し、勤労を重んずる態度を養うこと。 　三　正義と責任、男女の平等、自他の敬愛と協力を重んずるとともに、公共の精神に基	前文 　われらは、さきに、日本国憲法を確定し、民主的で文化的な国家を建設して、世界の平和と人類の福祉に貢献しようとする決意を示した。この理想の実現は、根本において教育の力にまつべきものである。 　われらは、個人の尊厳を重んじ、真理と平和を希求する人間の育成を期するとともに、普遍的にしてしかも個性ゆたかな文化の創造をめざす教育を普及徹底しなければならない。 　ここに、日本国憲法の精神に則り、教育の目的を明示して、新しい日本の教育の基本を確立するため、この法律を制定する。 第一条（教育の目的）　教育は、人格の完成をめざし、平和的な国家及び社会の形成者として、真理と正義を愛し、個人の価値をたつとび、勤労と責任を重んじ、自主的精神に充ちた心身とともに健康な国民の育成を期して行われなければならない。 第二条（教育の方針）　教育の目的は、あらゆる機会に、あらゆる場所において実現されなければならない。この目的を達成するためには、学問の自由を尊重し、実際生活に即し、自発的精神を養い、自他の敬愛と協力によって、文化の創造と発展に貢献するように努めなければならない。

づき、主体的に社会の形成に参画し、その発展に寄与する態度を養うこと。 四　生命を尊び、自然を大切にし、環境の保全に寄与する態度を養うこと。 五　伝統と文化を尊重し、それらをはぐくんできた我が国と郷土を愛するとともに、他国を尊重し、国際社会の平和と発展に寄与する態度を養うこと。	
（生涯学習の理念） 第三条　国民一人一人が、自己の人格を磨き、豊かな人生を送ることができるよう、その生涯にわたって、あらゆる機会に、あらゆる場所において学習することができ、その成果を適切にいかすことのできる社会の実現が図られなければならない。	（新設）
（教育の機会均等） 第四条　すべて国民は、ひとしく、その能力に応じた教育を受ける機会を与えられなければならず、人種、信条、性別、社会的身分、経済的地位又は門地によって、教育上差別されない。	第三条（教育の機会均等）　すべての国民は、ひとしく、その能力に応ずる教育を受ける機会を与えられなければならないものであつて、人種、信条、性別、社会的身分、経済的地位又は門地によつて、教育上差別されない。
2　国及び地方公共団体は、障害のある者が、その障害の状態に応じ、十分な教育を受けられるよう、教育上必要な支援を講じなければならない。	（新設）
3　国及び地方公共団体は、能力があるにもかかわらず、経済的理由によって修学が困難な者に対して、奨学の措置を講じなければならない。	2　国及び地方公共団体は、能力があるにもかかわらず、経済的理由によつて修学困難な者に対して、奨学の方法を講じなければならない。
第二章　教育の実施に関する基本 （義務教育） 第五条　国民は、その保護する子に、別に法律で定めるところにより、普通教育を受けさせる義務を負う。	第四条（義務教育）　国民は、その保護する子女に、九年の普通教育を受けさせる義務を負う。
2　義務教育として行われる普通教育は、各個人の有する能力を伸ばしつつ社会において自立的に生きる基礎を培い、また、国家及び社会の形成者として必要とされる基本的な資質を養うことを目的として行われるものとする。	（新設）

3　国及び地方公共団体は、義務教育の機会を保障し、その水準を確保するため、適切な役割分担及び相互の協力の下、その実施に責任を負う。	（新設）
4　国又は地方公共団体の設置する学校における義務教育については、授業料を徴収しない。	2　国又は地方公共団体の設置する学校における義務教育については、授業料は、これを徴収しない。
（削除）	第五条（男女共学）　男女は、互いに敬重し、協力し合わなければならないものであつて、教育上男女の共学は、認められなければならない。
（学校教育） 第六条　法律に定める学校は、公の性質を有するものであって、国、地方公共団体及び法律に定める法人のみが、これを設置することができる。	第六条（学校教育）　法律に定める学校は、公の性質をもつものであつて、国又は地方公共団体の外、法律に定める法人のみが、これを設置することができる。
2　前項の学校においては、教育の目標が達成されるよう、教育を受ける者の心身の発達に応じて、体系的な教育が組織的に行われなければならない。この場合において、教育を受ける者が、学校生活を営む上で必要な規律を重んずるとともに、自ら進んで学習に取り組む意欲を高めることを重視して行われなければならない。	（新設）
「（教員）第九条」として独立	2　法律に定める学校の教員は、全体の奉仕者であつて、自己の使命を自覚し、その職責の遂行に努めなければならない。このためには、教員の身分は、尊重され、その待遇の適正が、期せられなければならない。
（大学） 第七条　大学は、学術の中心として、高い教養と専門的能力を培うとともに、深く真理を探究して新たな知識を創造し、これらの成果を広く社会に提供することにより、社会の発展に寄与するものとする。 2　大学については、自主性、自律性その他の大学における教育及び研究の特性が尊重されなければならない。	（新設）

（私立学校） 第八条　私立学校の有する公の性質及び学校教育において果たす重要な役割にかんがみ、国及び地方公共団体は、その自主性を尊重しつつ、助成その他の適当な方法によって私立学校教育の振興に努めなければならない。	（新設）
（教員） 第九条　法律に定める学校の教員は、自己の<u>崇高な使命を深く自覚し、絶えず研究と修養に励み</u>、その職責の遂行に努めなければならない。 2　前項の教員については、その使命と職責の重要性にかんがみ、その身分は尊重され、待遇の適正が期せられるとともに、<u>養成と研修の充実が図られなければならない。</u>	【再掲】第六条（略） 2　法律に定める学校の教員は、全体の奉仕者であって、自己の使命を自覚し、その職責の遂行に努めなければならない。このためには、教員の身分は、尊重され、その待遇の適正が、期せられなければならない。
（家庭教育） 第十条　父母その他の保護者は、子の教育について第一義的責任を有するものであって、生活のために必要な習慣を身に付けさせるとともに、自立心を育成し、心身の調和のとれた発達を図るよう努めるものとする。 2　国及び地方公共団体は、家庭教育の自主性を尊重しつつ、保護者に対する学習の機会及び情報の提供その他の家庭教育を支援するために必要な施策を講ずるよう努めなければならない。	（新設）
（幼児期の教育） 第十一条　幼児期の教育は、生涯にわたる人格形成の基礎を培う重要なものであることにかんがみ、国及び地方公共団体は、幼児の健やかな成長に資する良好な環境の整備その他適当な方法によって、その振興に努めなければならない。	（新設）
（社会教育） 第十二条　個人の要望や社会の要請にこたえ、社会において行われる教育は、国及び地方公共団体によって奨励されなければならない。	第七条（社会教育）　家庭教育及び勤労の場所その他社会において行われる教育は、国及び地方公共団体によつて奨励されなければならない。

2　国及び地方公共団体は、図書館、博物館、公民館その他の社会教育施設の設置、学校の施設の利用、学習の機会及び情報の提供その他の適当な方法によって社会教育の振興に努めなければならない。	2　国及び地方公共団体は、図書館、博物館、公民館等の施設の設置、学校の施設の利用その他適当な方法によつて教育の目的の実現に努めなければならない。
（学校、家庭及び地域住民等の相互の連携協力） 第十三条　学校、家庭及び地域住民その他の関係者は、教育におけるそれぞれの役割と責任を自覚するとともに、相互の連携及び協力に努めるものとする。	（新設）
（政治教育） 第十四条　良識ある公民として必要な政治的教養は、教育上尊重されなければならない。	第八条（政治教育）　良識ある公民たるに必要な政治的教養は、教育上これを尊重しなければならない。
2　法律に定める学校は、特定の政党を支持し、又はこれに反対するための政治教育その他政治的活動をしてはならない。	2　法律に定める学校は、特定の政党を支持し、又はこれに反対するための政治教育その他政治的活動をしてはならない。
（宗教教育） 第十五条　宗教に関する寛容の態度、宗教に関する一般的な教養及び宗教の社会生活における地位は、教育上尊重されなければならない。	第九条（宗教教育）　宗教に関する寛容の態度及び宗教の社会生活における地位は、教育上これを尊重しなければならない。
2　国及び地方公共団体が設置する学校は、特定の宗教のための宗教教育その他宗教的活動をしてはならない。	2　国及び地方公共団体が設置する学校は、特定の宗教のための宗教教育その他宗教的活動をしてはならない。
第三章　教育行政 （教育行政） 第十六条　教育は、不当な支配に服することなく、この法律及び他の法律の定めるところにより行われるべきものであり、教育行政は、国と地方公共団体との適切な役割分担及び相互の協力の下、公正かつ適正に行われなければならない。	第十条（教育行政）　教育は、不当な支配に服することなく、国民全体に対し直接に責任を負つて行われるべきものである。 2　教育行政は、この自覚のもとに、教育の目的を遂行するに必要な諸条件の整備確立を目標として行われなければならない。
2　国は、全国的な教育の機会均等と教育水準の維持向上を図るため、教育に関する施策を総合的に策定し、実施しなければならない。	（新設）
3　地方公共団体は、その地域における教育の振興を図るため、その実情に応じた教育に関する施策を策定し、実施しなければならない。	（新設）

4 国及び地方公共団体は、教育が円滑かつ継続的に実施されるよう、必要な財政上の措置を講じなければならない。	（新設）
（教育振興基本計画） 第十七条 政府は、教育の振興に関する施策の総合的かつ計画的な推進を図るため、教育の振興に関する施策についての基本的な方針及び講ずべき施策その他必要な事項について、基本的な計画を定め、これを国会に報告するとともに、公表しなければならない。 2 地方公共団体は、前項の計画を参酌し、その地域の実情に応じ、当該地方公共団体における教育の振興のための施策に関する基本的な計画を定めるよう努めなければならない。	（新設）
第四章 法令の制定 第十八条 この法律に規定する諸条項を実施するため、必要な法令が制定されなければならない。	第十一条（補則） この法律に掲げる諸条項を実施するために必要がある場合には、適当な法令が制定されなければならない。

出典：文部科学省ホームページ。

索　引

《執筆者紹介》（執筆順、＊は編者）

＊橋本一雄　奥付参照 ･･････････････････････････････ 第1章
　塩野谷斉　鳥取大学地域学部教授 ･･･････････････ 第2章
＊伊藤良高　奥付参照 ･･････････････････････････････ 第3章
　柴田賢一　常葉大学保育学部教授 ･･･････････････ コラム1
＊荒井英治郎　奥付参照 ････････････････････････････ 第4章
　福嶋尚子　千葉工業大学工学部教育センター准教授 ･･ 第5章
　田村孝洋　中村学園大学教育学部講師 ･･･････････ コラム2
　竹下　徹　周南公立大学福祉情報学部准教授 ･････ コラム3
＊大津尚志　奥付参照 ･･････････････････････････････ 第6章
　冨江英俊　関西学院大学教育学部教授 ･･･････････ コラム4
　永野典詞　九州ルーテル学院大学人文学部教授 ･･ 第7章
　雪丸武彦　西南学院大学人間科学部准教授 ･･･････ 第8章
　岡田　愛　立正大学仏教学部教授 ･･･････････････ コラム5
　久井英輔　法政大学キャリアデザイン学部教授 ･･ 第9章
　辻村貴洋　上越教育大学大学院学校教育研究科准教授 ･･ 第10章
　中村強士　日本福祉大学社会福祉学部准教授 ･････ 第11章

《編者略歴》

伊藤良高（いとう　よしたか）
　　1985年　名古屋大学大学院教育学研究科博士後期課程単位認定退学
　現　在　熊本学園大学社会福祉学部教授、桜山保育園理事長、博士（教育学）
　著　書　『保育制度改革と保育施設経営』（風間書房、2011）
　　　　　『増補版　幼児教育行政学』（晃洋書房、2018）
　　　　　『保育制度学』（晃洋書房、2022）、他

大津尚志（おおつ　たかし）
　　1999年　東京大学大学院教育学研究科博士課程単位取得退学
　現　在　武庫川女子大学学校教育センター准教授、修士（教育学）
　著　書　『校則を考える』（晃洋書房、2021）
　　　　　『諸外国の道徳教育の動向と展望』（共著、学文社、2021）
　　　　　『だれが校則を決めるのか』（共著、岩波書店、2022）、他

橋本一雄（はしもと　かずお）
　　2014年　九州大学大学院比較社会文化学府博士後期課程単位修得退学
　現　在　中村学園大学短期大学部准教授、修士（法学）
　著　書　『テキストブック憲法（第2版）』（共著、法律文化社、2017）
　　　　　『子どもの豊かな育ちを支えるソーシャル・キャピタル』（共著、ミネルヴァ書房、2018）
　　　　　『改訂版　道徳教育のフロンティア』（共著、晃洋書房、2019）、他

荒井英治郎（あらい　えいじろう）
　　2009年　東京大学大学院教育学研究科博士課程単位取得退学
　現　在　信州大学教職支援センター准教授、修士（教育学）
　著　書　『現代の学校を読み解く―学校の現在地と教育の未来』（共著、春風社、2016）
　　　　　『憲法判例からみる日本―法×政治×歴史×文化』（共著、日本評論社、2016）
　　　　　『教育経営論』（共著、学文社、2017）、他

新　版
教育と法のフロンティア

2020年4月10日　初版第1刷発行　　＊定価はカバーに
2023年4月15日　初版第2刷発行　　　表示してあります

　　　　　　　　　　　　　　　　伊　藤　良　高
　　　　　　　　　　　　　　　　大　津　尚　志　ⓒ
　　　　編　者　　　　　　　　　橋　本　一　雄
　　　　　　　　　　　　　　　　荒　井　英治郎
　　　　発行者　　　　　　　　　萩　原　淳　平

　　　発行所　株式会社　晃　洋　書　房

　　　〒615-0026　京都市右京区西院北矢掛町7番地
　　　　　　　電話　075(312)0788番(代)
　　　　　　　振替口座　01040-6-32280

装丁　クリエイティブ・コンセプト　　印刷・製本　西濃印刷㈱
ISBN 978-4-7710-3354-2

伊藤良高 編集代表
2023年版 ポケット教育小六法
新書判 340頁
定価 1,430円（税込）

伊藤良高 著
保　育　制　度　学
Ａ５判 160頁
定価 1,980円（税込）

伊藤良高・宮崎由紀子・香崎智郁代・橋本一雄・岡田　愛 編
新版 保育・幼児教育のフロンティア
Ａ５判 190頁
定価 2,200円（税込）

伊藤良高・岡田　愛・荒井英治郎 編
教育と教職のフロンティア
Ａ５判 154頁
定価 1,870円（税込）

伊藤良高・永野典詞・三好明夫・下坂　剛 編
改訂新版　子ども家庭福祉のフロンティア
Ａ５判 128頁
定価 1,540円（税込）

伊藤良高・大津尚志・橋本一雄・荒井英治郎 編
新版　教育と法のフロンティア
Ａ５判 144頁
定価 1,650円（税込）

前田麦穂 著
戦　後　日　本　の　教　員　採　用
──試験はなぜ始まり普及したのか──
Ａ５判 192頁
定価 4,180円（税込）

武井哲郎・矢野良晃・橋本あかね 編著
不登校の子どもとフリースクール
──持続可能な居場所づくりのために──
Ａ５判 156頁
定価 2,200円（税込）

小林和雄 著
改訂版　真正の深い学びへの誘い
──「対話指導」と「振り返り指導」から
　　　　　　　始める授業づくり──
Ａ５判 126頁
定価 1,870円（税込）

KEL教育おしゃべり会 編
文科省は、イジメを解決できるか？
──民間教育白書──
Ａ５判 114頁
定価 1,100円（税込）

================ 晃　洋　書　房 ================